「確率思考」で市場を制する最強の投資術

PROBABILITY THINKING

エコノミスト
エミン・ユルマズ
EMIN YU

プロポーカープレーヤー
木原直哉
KIHARA NAOYA

KADOKAWA

天は

自ら助くる
者を助く

はじめに

エミン・ユルマズ

日本で投資教育をしていく中でよく聞かれることのひとつに「日本人はあまり投資に向いていないのでは？」という質問があります。確かに長年続いたデフレとバブル崩壊のトラウマにより、投資から距離をとっている人は多いと感じます。

しかし、私は特定の民族によって投資に向き・不向きがあるとは思いません。日本の歴史を見ると世界で初めて先物のしくみを考えたり、ローソク足チャートを作ったりしたことから、日本人はむしろ投資に向いているのではないかと考えています。実際に明治初期や戦後に、株式投資が大ブームになった時期も多くありました。

唯一私が問題視しているのは、日本人が数字のあるゲームをあまりやらなくなったことです。数字のあるゲームとはトランプゲームのことですが、日本に限らず全世界でプレーする人口が少なくなっていると思います。

私が子どものときには、従兄弟たちで集まると必ずトランプゲームをやっていました。しかし、今の子どもたちはほとんどコンピューターゲームで遊びます。今はオンラインでつながって友達とプレーできるので、誰かの家に集まって遊ぶことも少なくなりました。

数字のあるゲームをやることで数字に親近感がわくし、みんなで集まって遊ぶことがソーシャルスキルの発達に役立つのでとても重要です。また、数字のあるゲームをプレーしてきた人たちは、お金や投資に対しても距離が近くなります。

数字のあるゲームの中で、もっともお金や投資について学べるのが、ポーカーです。なぜなら、ポーカーとはカードゲームの形をした投資ゲームだからです。

ポーカーは、どのシチュエーションでどれくらいベット（賭け）するか・もしくはしないのかが勝敗を決めるゲームなので、投資のメンタルを育てるうえで、もっとも役立つゲームと言えます。

欧米の著名投資家は、ほぼ全員と言っていいほど腕の良いポーカープレーヤーでもあります。ウォーレン・バフェットはブリッジ（4人で遊ぶトランプゲーム）プレーヤーとして有名ですが、ポーカーも得意と知られています。

シタデル創業者のケン・グリフィン、サスケハナ・インターナショナル・グループ（SIG）創業者のジェフ・ヤスもポーカー愛好家で、手ごわいプレーヤーとしても知られています。

SIGは、新人研修でポーカートーナメントを開催するほど、ポーカーの重要性を認識しています。米国人は小さいころからホームゲームでポーカーをやることで、確率論、リスク・リターンなどの概念になれていきます。それが彼らの投資の世界における優位性につながっていると思います。

日本でもポーカーは近年人気が高まってきていますが、国内にカジノがないこともあって、一般的にプレーされるゲームではありません。私は以前から投資家にポーカーを覚えることを勧めてきましたし、ポーカーと投資のセミナーもたくさん開催してきました。それは私自身が、投資についてのたくさんの気づきをポーカーから得たからです。

海外でも名の知れた日本を代表するポーカープロの一人である木原直哉氏との出会いはSNSを通じてでしたが、実際にラスベガスで会って話をしたところ、ポーカーよりも株式投資の話で盛り上がりました。「やはり、ポーカーのプロは投資のプロでもある」と確信しました。

この本では主に個別株投資とポーカーの共通点に着目していますが、投資全般に使える考え方をたくさん学べる内容になっています。

お互いに投資に対する理解が一致しながらも、リスクテイキングへのアプローチやスタイルに違いがあって、読者さんが読んで大いに参考になるとともに、自分にあったスタイルの発見に役立つのではないかと思います。

以前から主張していますが、株式投資をする上で、日本に生まれたことは、まるでポーカーで最強のハンドであるエイシーズ（Aが2枚のハンド）を手にしているのと同じくらいラッキーなことです。

せっかくこのハンドを手に入れたなら、プレーしない手はありません。私たちに必要なのは、このハンドを正しくプレーする方法を学ぶことだけです。

これは投資だけではなく、仕事や人生においても生きると確信しています。

2024年9月

エミン・ユルマズ　東京

株談義に明け暮れた2023年7月13日ラスベガスの夜

目次

「確率思考」で市場を制する最強の投資術

第1章

東大卒ポーカープレーヤーとエコノミストが語る投資とポーカーの共通点

第2章
期待値抜群のバリュー株の見極め方

第3章

「確率思考」で市場を制する最強の投資術

第4章

不確実な世界で勝ち続ける投資家の心構え

第5章 「確率思考」と「会社四季報」から導き出した注目銘柄

終章 インフレを追い風に、日本経済は黄金期を迎える

※本書は特に断りのない限り、コンテンツの多くは2024年1月～9月執筆時の情報をもとに作成しています。本書刊行後、金融に関する法律、制度改正、または各社のサービス内容が変更される可能性がありますのであらかじめご了承ください。

※本書は株式投資情報の提供も行っていますが、特定の銘柄の購入を推奨するもの、またその有用性を保証するものではありません。

※株式投資には一定のリスクが伴います。売買によって生まれた利益・損失について、執筆者ならびに出版社、その他制作の関係者は一切の責任を負いません。株式投資は必ず、ご自身の責任と判断のもとで行うようにお願いいたします。

用語集

ポーカー　本書でいうポーカーとは、世界でもっともメジャーなポーカールール「ノーリミット・テキサスホールデム」のこと。テキサスホールデムは、「プレーヤーに2枚ずつ手札が配られた後、テーブル中央に並べられる5枚の共通カードと2枚の手札の合計7枚のうち、強い5枚を使ってできる役を競い、チップを奪い合うゲーム。DMM.comの調べによると、国内で約240万人にプレー経験があるとされている。お金を賭けない形で楽しめるアミューズメントカジノ施設なども増えており、空前のポーカーブームと言われている。

ハンド　プレーヤーに配られる2枚のカードをハンドと呼ぶ。1回のゲーム全体を指すこともある。

ベット　誰もチップを賭けていない状態で、チップを賭けること。以降、プレーを続行したいプレーヤーは、そのベットと同額以上のチップを支払わなければならない。

コール　その時点でのベットと同額のチップを支払うこと。

レイズ　ベットの額をつりあげること。

オールイン　テーブル上の自分のチップをすべて賭けること。

フォールド　ゲームを降りること。それ以降、そのゲームではチップを得ることも失うこともない。

アンティ　全員から少額を集める強制参加費。ライブポーカーでは、BB（ビッグブラインド）がまとめて支払うケースがほとんど。

キャッシュゲーム　ポーカーのゲーム形式のひとつで、お金をチップに交換し、そのチップを賭けて遊ぶポーカー。特に終了の区切りがなく、自由に参加したりやめたり、チップを買い足したりできる。

トーナメントゲーム　ポーカーのゲーム形式のひとつで、全員が同じチップ量からスタートしてチップがなくなった者から退場し、最後に残ったプレーヤーが優勝となるゲーム。

期待値　あることを試行したとき、その結果として得られる数値の平均値。ポーカーでは、賭け金に対して、戻ってくる「見込みの額」のことをいう。

テキサスホールデムの流れ

強制ベット SB（スモールブラインド）、BB（ビッグブラインド）の人が強制参加費を出す

↓

プリフロップ 各プレーヤーに２枚ずつカードを配る

↓ チップを賭ける

フロップ 場に共通カードを３枚出す

↓ チップを賭ける

ターン 場に共通カードを１枚出す

↓ チップを賭ける

リバー 場に共通カードを１枚出す

↓ チップを賭ける

ショーダウン 手札をオープン

2枚の手札と5枚の共通カード、
合計7枚から最も強い5枚を選び、その役で競い合う

第1章

東大卒ポーカープレーヤーとエコノミストが語る投資とポーカーの共通点

ポーカー世界チャンピオンが株式投資を始めた理由

エミン　私は長くポーカーをプレーしてきているので、日本のポーカープレーヤーのレジェンドである木原さんのことは以前から注目していました。なにしろ、2012年の第42回世界ポーカー選手権大会（2012 World Series of Poker〔ワールド・シリーズ・オブ・ポーカー〕、以下WSOP）の「ポット・リミット・オマハ・シックス・ハンデッド」で日本人初の世界タイトルを獲得したポーカープレーヤーですから。いつからかX（旧ツイッター）を通じてやりとりするようになり、ラスベガスで落ち合って食事を共にしたこともありましたね。Xで株式投資を始めたという投稿を見てからは、うまくいっているかなと気になっていました。

木　原　本格的に株式投資を始めて3年前になりますが、おかげさまで2023年は投資でポーカーでの稼ぎを上回る利益を上げることができました。

株で稼げていなかったときは1年分の生活費の大半を年1回、7週間にわたって開催されるWSOPで稼がなければならなかったので、どうしても堅実に稼げるキャッシュゲーム※1が中心になっていたんですが、今年はリスクの高いトーナメントゲーム※2にたくさん参加しました。

エミン　それはすごい。わずか3年で、本業より稼い

※1　ポーカーのゲーム形式のひとつで、お金をチップに交換し、そのチップを賭けて遊ぶポーカー。特に終了の区切りがなく、自由に参加したりやめたり、チップを買い足したりできる。

※2　ポーカーのゲーム形式のひとつで、全員が同じチップ量からスタートしてチップがなくなった者から退場し、最後に残ったプレーヤーが優勝となるゲーム。

日本人初の世界タイトルを獲得した木原氏。

でいるとは驚きです。

木　原　ポーカーだけでなく、囲碁や将棋、麻雀などこれまでさまざまなゲームをプレーしてきましたが、いずれも2～3年目というのは一番楽しい時期です。上達していることが実感できて、でもまだ十分うまいとは言えず、伸びしろがたっぷりある時期ですから。
　ポーカーではそんな時期はとっくに終わってしまったので、直近のプレーを振り返って「今だったらもっといいプレーができるのに」と思えることもあまりなくなってしまいました。でも株式投資だとそういうことがまだたくさんあるので、自分の成長を実感できるんです。

エミン　そもそも木原さんはどういうきっかけで株式投資を始めたんですか。

木　原　本格的に始めたのは3年前と先ほどお伝えしましたが、2017年頃から株主優待狙いで保有はしていました。カレーハウスCoCo壱番屋のカレーが好物だったので、最初に投資した銘柄は壱番屋（7630）です。毎年、優待の食事券を受け取りながら放置していました。

本格的に売買を始めたのは、2021年2月です。優待狙いで保有していた東京ドーム株が、オアシス・マネジメントというアクティビスト（物言う株主）に狙われ、それを三井不動産がホワイトナイト（敵対的買収を仕掛けられた買収会社を、経営陣の合意も得た上で友好的に買収する企業のこと）でTOB（株式公開買付）した買収劇で30万円ほど儲かったことがありました。このときにとても面白いなあと感じたのがきっかけで、積極的に利益を狙ってみたいと思ったんです。

300万円からスタートして、すぐに100万円を追加し、レバレッジをかけられる信用取引も活用することで、1000万円分ぐらいの投資をするようになりました。

エミン いきなり信用取引を始めたの？　信用取引は利益が大きくなる代わりに損失が出た場合のダメージも大きくなるから、株を始めたばかりの人は怖がるものだけど。実際に私も、経験が浅い個人投資家にはあまり勧めていません。

木原 ポーカーだとひとつの勝負に100万円や200万円ぐらいに相当するチップを賭け

ることは日常的にやっているので、怖いという感覚は全然なかったですね。ポーカーではその場で全額溶かしちゃうことは日常茶飯事ですが、株では投資が突然ゼロになるようなことはほぼありませんし、ボラティリティ（価格変動の度合い）もはるかに小さいと感じます。なにより、フルレバ（最大の倍率でレバレッジをかけること）した1000万円ですら、自分の全資産に比べれば小さい金額ですから。

エミン ポーカー世界チャンピオンの木原さんが株式投資でうまくいっているというのは、とても納得できます。なにしろポーカーと株式投資は、かなり似ていますからね。

ポーカーがうまい人は株式投資でも上達が早いし、うまく利益を上げている人は多いと思います。

木　原 確かに、共通点は多いですね。実際ポーカープロの中でも、株式投資で成功している人や、運用の世界から転身してきたという人は何人か知っています。そういうエミンさんも、国内ポーカートーナメントで複数の優勝経験を持っていると聞きましたよ。

エミン　JOPT（ジャパン・オープン・ポーカー・ツアー）のことですね。ここでは2回優勝して、準優勝も一度あります。とはいえ、私の場合はあくまで趣味で、カジノゲーム全般が大好きなんですよ。一日数百ドルの予算を持って海外のカジノに行って、なるべく長く遊べればOKという感覚です。ポーカーで増えたお金を、ブラックジャックやクラップスなど他のゲームで溶かしちゃうことがほとんどです。

木原　僕は15年前にポーカーを始めたんですが、エミンさんはどのぐらいプレーしているんですか？

JOPTで優勝2回。準優勝1回。
カウボーイハットがトレードマーク。ポーカーネームは、JACK。

エミン　ポーカーにもいろいろあるけど、簡単な「ファイブカードドロー」なら、子どものころから遊んでいました。現在、最もポピュラーになっている「テキサスホールデム」を始めたのは、10年ぐらい前です。勤めていた野村證券を辞めて暇だったので、スマホのアプリで遊び始めたのが最初です。

論理的な戦略と確率的な思考が必要で、なおかつ期待値を常に考えながらプレーするところが株式投資と似ていて面白いなあと思って、ポーカーの本を60冊以上読むほどハマりました。ＷＳＯＰにも何度か参加しましたよ。

株とポーカーの共通点①
スキルと運、双方の要素がある

エミン　テキサスホールデムでは、それぞれのプレーヤーに2枚ずつカードを配り、テーブルの中央に誰にでも見える5枚のコミュニティカードを並べます。自分の持っている2枚（ハンド）と中央にある5枚、合計7枚のカードのうち5枚で最も強い役を作ったプレーヤーが勝つわけです。自分に配られたカードは見えるけれど、他のプレーヤーたちがどんなカードを持っているかはわかりません。

場にあるカードは順に開いていくのですが、開く前にベット（賭け）をするかどうかを決断しなければなりません。ポーカーはカードゲームというよりカードを使ったベットゲーム、つまり「投資のゲーム」といえますね。

木原　ポーカーは必ずしも強い人が勝つとは限らなくて、初心者や強くない人が勝つこともよくあります。将棋だったら初心者がプロに100回勝負を挑んでも1回も勝てませんが、ポーカーだったらトーナメントでトッププロを飛ばすなんて日常茶飯事だし、運に恵まれれば一晩単位のキャッシュゲームでトッププロに勝つことだって十分可能なんです。だからこそ盛り上がるし、面白い。

エミン　株も同じですね。特別な知識を持たない人がたまたま大儲けしちゃうことはあるし、堅実に増やしていくこともできる。だからいろんな人が参加してくるわけです。

うまい人しか勝てない世界なら、こんなに盛り上がらないよね。

だからといって、運に100％依存するわけではありません。もしそうなら、木原さんのようにポーカーで生計を立てる人や、専業の投資家というのは存在できませんからね。

木原　ポーカーでも株でも、瞬間的であれば手元のお金を10倍にする人はたくさんいますが、破綻《はたん》することなく長期的に増やしていくとなるととても難しいでしょうね。

エミン　ポーカーも株もギャンブルだと思っている人は多いけど、長期的な成果はスキルに依存するので、ギャンブルとはいえないんですよ。運が巡ってきたときに、その幸運をうまく活用して利益を最大化できるかどうかは、スキルに大きく依存します。やっぱりスキルのない人は、運に恵まれたときでも大きくは勝てないことが多いんです。

木原　ダウンサイド（保有資産が損失を受ける可能性）も同じですね。運が悪かったときでも、その負けをできるだけ小さくして耐えられるかどうかはスキルに大きく左右されます。運が悪いときにすべてを失ってしまうような人は、ポーカートーナメントでもあっという間に脱落してしまいますから。

エミン 確かに、運が悪いときでもうまい人はなんとか耐えてリカバリーできるけど、そうじゃない人はそのまま崩れてしまいますね。投げやりになってしまう人もたくさんいます。

これは株式投資でもまったく同じで、うまくいったときには大きく利益を伸ばし、そうでないときはなるべく損失を抑えながら耐える、それができるかどうかがプロとアマチュアの違いであるように感じます。

株とポーカーの共通点②
リスクを取らなければ勝てない

エミン 株式投資もポーカーも、勝つためにはリスクを取らなければならない点も共通していますね。株式投資は資金を株に投じる必要がありますし、ポーカーもチップを賭けて参加します。勝ったときに利益を獲得するためには、勝つか負けるかわからない段階で手元の原資を失うリスクを取る必要があるわけです。

木原 ただ、利益を大きく伸ばして、損失は小さく抑えるというのは、現実には矛盾します。株もポーカーも、大きく儲けたいなら大きなリスクを取らなければならないし、リスクを小さくすれば勝ちも小さくなってしまう。リスクとリターンは常に背中合わせなので、ローリスク・ハイリターンは理論上、不可能なんです。それでも、そのバランスを上手に取りながら、少しでもそこに近づける人が本当にうまい人なんですよね。

エミン そう、両立するのはすごく難しいんだけど、だからこそできたときにはすごく楽しいし、達成感がある。しかもこういうマインドワークで成功してお金を増やすことができると、人間は自分に自信を持つことができるんですよ。

大げさに聞こえるかもしれませんが、頭脳努力だけでお金を増やせたという経験は、自己肯定感を上げてくれるし、人生を充実させてくれます。本業にも良い影響があったという人も多いんですよ。

株とポーカーの共通点③リスク管理が重要である

エミン　リスクは必ず取らなければならない分、リスク管理が重要という点も共通しています。勝ちたいからといってやみくもに賭けていたら、どちらもあっという間に無一文になってしまいますからね。

木原　ポーカーではまず、テーブル選びでリスクを選択します。テーブルに座ってしまったら、その場では最大のリスクを取ってプレーするのが基本です。株式投資なら、ある銘柄に１００万円投資してそれが80万円や50万円になることはあってもゼロになることはほぼありませんが、ポーカーではテーブルに置いたチップは常にゼロになる前提でプレーする必要があります。ポーカーではレートの高いテーブルにいるような強い対戦相手に対して、リスクを抑えた中途半端なプレーをしても勝てません。
　スキルがある人なら、より高いレートのテーブルに座る方が時給が高くなりますが、そのようなテーブルでリスクを抑えて期待値を失うプレーをするのは本末転倒で逆にやられてしまいます。高いレートを打つなら対戦相手のレベルが上がるのでなおさらリスクを取らざるを得ないし、それが難しいならレートの低いテーブルでコツコツ稼ぐ方が良い。要するにリスクとリターンはトレードオフなので、リスクを抑えて大勝ちするなんてできないんです。

エミン ポーカープレーヤーの場合、ひとつのセッションで賭けるのは軍資金（＝バンクロール）の5％ぐらいが一般的ですよね。株のデイトレードやFXトレードをする場合も同様に、ひとつのトレードで資産の5％以上をリスクにさらさないというルールを徹底する人もいます。こうしたバンクロールマネジメントは、習得すればそれで勝てるというものではありませんが、あっという間にすべてを失って退場という事態を避けるために必要なスキルです。

木原 リスクの調整は、株の方がコントロールしやすいと思います。投資金額だけでなく、銘柄選びや分散、レバレッジの有無を変えることでもリスクを調整できますから。

エミン 確かに、厳密なリスク管理や速やかな損切りが求められるのは、信用取引やFX、指数先物のように資金の額を超えたレバレッジ投資をするときです。余剰資金の範囲内で現物株式を持つ分には、そこまで厳格なリスク管理は必要ないし、その点はコントロールしやすいですね。

木原 僕は損切りのルールを徹底するというより、下落しても喜んで買い増しできるような銘柄を、損切りしなくていい金額に抑えて投資することが多いです。そうすると上昇したときのリターンも少なくなるので難しい判断ではありますが、両立はできませんから。資産の全額をひとつの銘柄にぶち込んでいたら損切りは必須だけれど、しっかり分散ができているなら株価が下がったという理由だけで損切りする必要はないと思います。

そもそも、株価はその企業とはまったく関係のない理由で下落することもありますよね。本来そこは損切りではなく、追加で買うポイントなんですよ。あきらかに不当に安くなっているのは期待値がプラスな局面ですから、わざわざ損切りという期待値マイナスのプレーをするのは明らかに損です。そうしなければならない状況に追い込まれたとしたら、それは単純に投資金額が高すぎるのであって、もっと少ない投資金額だったら損切りしなくても済むはずです。

僕も信用取引でレバレッジをかけてはいるんですが、せいぜい2倍程度に抑えながら複数の銘柄に分散していて、目いっぱい張るようなことは今はしていません。

知り合いで何十億という投資資金をフルレバレッジで張っているトレーダーがいますが、少しでも下落の兆候が見えたら迷うことなくポジションを切っています（現金化すること）。そういう判断と行動ができるから生き残っているのであって、それができないならもっと小さいサイズで投資しないとダメでしょうね。

エミン　おっしゃる通りで、現物を適切なサイズで持っているのと、レバレッジをかけて持っているのとでは、取るべき対応はまったく異なります。正しい対応をしても必ずしも結果がプラスに働くわけではありませんが、それでもそのプロセスが重要です。

結果論にこだわりすぎるとロジックが身につかないし、生き残れませんから。

株とポーカーの共通点④確定要素と不確定要素がある

木原　将棋や囲碁だったら盤面にすべての駒が見えているけど、ポーカーはわかりません。見えている情報を手掛かりに、見えていない情報を推測して戦う必要があります。

エミン　そこも株式投資とポーカーの共通点のひとつですね。それぞれに確定要素と不確定要素がある。

　私たち投資家は企業側が開示している情報や公になっている情報を見て、投資するかどうかを決めます。ポーカーでプレーヤーに配られるカードをハンドといいますが、これは銘柄みたいなものですね。配られたハンドで必ず投資しなければならないわけではなく、ダメだと思ったら降りればいいし、降りる判断を少し先延ばしして様子見することもできます。

　ポーカーのカードも、株価を左右する企業業績や外部環境も、プレーヤーや投資家がコントロールできるものではありません。私たちにできることは、賭けるか賭けないかを判断するだけです。それでも勝ち続けている投資家はいるし、木原さんのようにポーカーで成功する人がいるわけですから、どちらも勝てる人は勝ち続けられるようになっているんですよね。

木原 運だけで短期的に勝てることはあっても、それは長くは続きません。勝ち続けるにはスキルを上げていくことが必須である点も、共通していますね。

エミン まさにそこが、ポーカーと株式投資を面白いと感じる人が多い理由でもあります。
運だけのゲームは面白くないし、かといってスキルに１００％依存するゲームなら、戦う前から勝敗が見えてしまいますからね。確定情報と不確定な情報がミックスしているところに、プレーヤーを惹きつける魅力があるんです。

株とポーカーの共通点⑤
プレーすればするほど負ける

木原　ポーカーはマイナスサムのゲームなので、参加者の99％が負けると言われています。勝ち組である1％の人たちは、プレーすればするほど勝ちが大きくなりますが、残りの99％の人はプレーするほどチップを減らしてしまうんです。

エミン　素人がポーカーで負ける最大の要因は、ゲームに参加しすぎることだと思います。ポーカーでハンドが弱ければあえて勝負に参加せずにフォールドする（ゲームを降りる）のがセオリーで、自分のハンドの弱さを認識して多くのチップを出してしまう前に降りる判断ができる人ほど、勝ちやすいのです。

実際、勝ちやすい参加率（ＶＰＩＰ）は15～30％ぐらいだといわれていますよね？　ほとんど降りることなくゲームに参加してくるような人がいたら、周りのプレーヤーはみんな「この人からチップを巻き上げられそうだな」とニンマリするよね。

木原　プロなら参加率が高くても勝てると思いますけど、普通の人は無理ですね。参加率を抑えたからといってそれだけで勝てるわけではありませんが、少なくとも普通の人が勝つには強いハンドを選ぶのは最低条件です。

株式投資も同じようなものかもしれませんね。ただ、ポーカーはテーブルに着いてプレーする時点で、アンティ（強制参加費）を取られて勝負を降りている間も少しずつチップが減っていくのに対し、株ならタダで休むことができる。なおさらプレーし過ぎない方が有利だと思います。

エミン　ちょっと古いデータだけれど、1992年から2006年までのデイトレーダーの取引を分析した台湾の論文（2014年出典：Monthly Day Trading Statistics - Taiwan Stock Exchange Corporation〔twse.com.tw〕）によると、この期間に取引をした45万人のデイトレーダーのうち、利益を出しているのはわずか4000人なのだそうです。上から4000人目以降の人たちは手数料後の稼ぎが2bpsまで下がり、6000人目以降はマイナスに陥っています。

デイトレーダーというのは毎日相場に張り付いて株取引をする人ですが、そういう人ほどお金を減らしやすいということがわかりますね。

木　原　ポーカーの場合、なぜプレーすればするほどほとんどの人が負けるかと言えば、実力が結果に与える影響は参加回数に比例するのに対し、運が結果に与える影響は参加回数の平方根に比例するからです。だから回数を重ねるほどに運の要素が相対的に小さくなっていって、結果がプレーヤーのスキル差に比例するようになるんです。

エミン　コインを10回投げても裏と表が5回ずつ出るとは限らないけど、1000回ぐらいになるとほぼ半々になる理屈と同じだね。

ポーカーでは、最初にどんなカードが配られるかは完全に運です。強いハンドが来るまでひたすらフォールドし続けるのはつまらないけれど、プロは我慢して待ちます。彼らは遊ぶためにそこにいるわけではないからです。

投資でも同じで、遊びではなく利益を出したいのなら、トレードをし過ぎてはだめです。勝てない投資家の最大の間違いは、ポジションを取りすぎることなんですよ。

木原　ポーカーで参加率が高くても勝てるのは、ごく限られた人だけです。そこまで強くなるための勉強をしていないのに、自分がその限られた層に入っていると思えるのが不思議でしょうがないですね。実際、そういう人はすごく多いんですよ。

エミン　そういう錯覚に陥りやすいところも、ポーカーと株式投資の共通点のひとつだと思います。たとえば休日に趣味でテニスを楽しんでいる人が、自分が全米オープンで優勝できるなんて普通は思いませんよね。

　それが株式投資になると、自分でもそのレベルの成功をつかめると思っちゃう人が多い。書店では「株で億り人」といったタイトルの本がたくさん並んでいて、今も昔もそれなりに売れています。でもそんな本の著者でさえ一発屋みたいな人も多くて、毎年何億も稼ぎ続けている人なんてごく一部でしかありません。

木原　ポーカーでも、最初から大金を獲得することを狙って身の丈に合わないテーブルに座り続けたら、ボコボコにやられるだけなんですけどね。株式投資も同じであることは、容易に想像できます。

エミン ただ、運の中にも分散があって、ごくまれに一発屋を実現してしまう人もいるのが面白いところです。私は「運命の分散」と呼んでいるのだけど、たまたま勝つという幸運がどんな局面でめぐってくるかで、その結果は大きく変わるんです。

たとえば、ものすごいツキが巡ってきたのがWSOPのメインイベントであればその人の運命は大きく変わるけれど、無料で遊べるポーカーアプリのトーナメントだったら、人生になんの影響もありません。

株式投資でも同じで、何のスキルも持たない人がたまたま小遣いで初期のエヌビディアを買ったまま何年も忘れていて、気が付いたら数億を手に入れるということもあるわけです。しかし、そういう人が将来も同じ幸運に恵まれると信じて、その利益でトレードをすればするほどお金をなくしてしまう。やっぱり、投資家としてのスキルを上げることなく、取引を増やすようなことをしてはだめなんだよね。

木原 日経平均株価やTOPIX（東証株価指数）に連動するインデックスファンドに突っ

込んで、あとは余計なプレーをしないことは多くの人にとって最適解のひとつだと思います。株や投資が好きな人は別ですけど、多くの人は興味も時間もありませんから。

エミン 投資の場合はポーカーと違って、長期投資という選択肢がある。長期になれば当然、取引回数が減るから、負け込む可能性も大きく減らせると思います。

そもそも、個人投資家が毎日取引する必要はまずありません。私は主に大型のバリュー株か中小型株に投資しますが、だいたい3〜5年ぐらいの期間を目安にして、中小型は3〜5倍ぐらいの株価上昇を狙います。私に限らず、普通に仕事を持って忙しくしている個人投資家には、一番向いている方法だと思います。

短期取引は楽しいけどね、エキサイティングだからやりたい気持ちはよくわかります。だけど、よほどの覚悟がない限りやめた方がいい。大事なお金を減らしたくないならね。

木原 期待値がマイナスだと理解して楽しむ分には、悪くないですけどね。1日デイトレードをして1万円負けるのと、テーマパークで1万円使って遊んでも、1万円がなくなるのは同じですから。

株とポーカーの共通点⑥ ストーリーに沿った意思決定が求められる

エミン

私の株式投資は、株価が上がるまでのストーリーを描くことを重視する〝ストーリー投資〟です。たとえば、近所にオープンした飲食店に行ってみたらとても気に入って、調べてみたら上場企業が展開する新業態だったとします。この飲食店が大ヒットして多店舗展開することで業績を押し上げ、株価が上昇するというストーリーを描けるのであれば、投資するという具合です。

ストーリー投資のいいところは、自分が理解できるビジネスに投資できることと、利益確定や損切りのタイミングがはっきりしている点です。思い描いた成長ストーリーが継続している間は保有を続けて、成長ストーリーに陰りが見えてきたり、それとは異なる展開が見えてきたら損益にかかわらず手放すのです。飲食店の例で言えば、味が落ちた、売上成長が止まった、店舗が増えすぎて飽きられ始めたときなどが、売却のタイミングということになります。

木　原　いわれてみれば、僕の投資もそうですね。株価が上がる理由、あるいは下がらない理由がはっきりと見えている銘柄しか買わないし、ビジネスがよく理解できないセクターにも手を出しません。

エミン　それってポーカーでも同じだと思いませんか。ポーカーでは配られたハンドを見た瞬間に、これからどんな展開があり得て、勝算がどのぐらいあるかを考えますよね。

そして場の3枚のカードが開いた時点で、思い描いた複数のストーリーのうち、実現可能性が濃厚なストーリーがさらに絞り込まれる。

だれかがベットしたり、新しいカードが開くたびに、ストーリーに沿って賭け続けるか降りるかを判断する。ブラフ（自分が強い役を持っているふりをして相手を降ろそうとするプレー）をするときだって、一貫したストーリーを持っていないとすぐに見破られてしまうよね。

これは自分だけでなく対戦相手も同様で、私たちは対戦相手のストーリーも描かなければなりません。たとえばプリフロップ（場のカードが1枚も開いていない状態）で大きくレイズ（ベットの額をつりあげること）してくるプレーヤーがいたら、強いハンドを持っていると考えられますが、場に開いたカードが小さい数字ばかりなのに降りることなく賭け続けているなら、ブラフしている可能性も浮上します。

どちらのストーリーが真実である可能性が高いかを、相手のプレーや様子から絞り込んで、自分自身のストーリーに反映させていくわけです。

木原　不完全情報ゲームの中で相手がどんなハンドを持っているかを様々な情報から推測するのは、投資銘柄の次の決算や業績がどうなるかを予測するのに似ていますね。

ポーカーの場合、配られるハンドはランダムなので相手のハンドの中身はわかりませんが、相手のプレーを見ているとどんなハンドを持っているのかをある程度絞り込むことができます。株式投資でも、企業がおかれた状況を分析することで、どんな状況にあるのか、これからどんな開示を出してくるかを予測できますね。

たとえば僕はよく家族でくら寿司（2695）に行くんですが、人気キャラクターとのコラボイベント目当ての客で大混雑していて、予約もまったく取れない状態が続いたことがありました。案の定、その後公表された月次報告書では売上の数字が大きく伸びていました。

エミン　まさにそうですね。Apple の決算が良かったら、Apple のサプライヤーも良いだろうと推測できるし、逆もある。業種によって違いはあるけれど、株式投資でもリーディング（相手のハンドを予測すること）はできるんですよね。

木原　だからこそ、自分はそういうリーディングができない会社、要はビジネスや扱っている製品が自分には難しくて予測をしにくい会社は、魅力があっても買えません。

２０２３年から24年にかけては半導体関連企業の株価が高騰しましたが、あいにく僕にはまったくわからないので乗れませんでした。半導体に詳しかったら参戦してみたかったですね。

株とポーカーの共通点⑦
正しい行動をしても報われないことがある

エミン　ポーカーでは勝つ確率が最も高いプレーをしても、たまたま確率が低いことが起こって負けることがあります。しかも、そんな不運が何度も続くことも少なくありません。要はスランプというものが誰にでもあって、木原さんのような世界トップレベルのスキルを持っていても、負け続ける時期があるはずです。そこをどう耐えるかもスキルのひとつだと思いますが、これは株も同じなんですよね。

リーマンショックなんてその最たる例で、投資家のスキルや行動にまったく関係ない理由で株価が暴落しました。今だって、エヌビディアやネットフリックスのようなスター銘柄の株価が、将来半値以下になったり、9割下がったりする局面が来ないとは言い切れません。

株価が10倍になってもおかしくないと確信できる銘柄であれば、それが信じられる限り保有し続ければいいわけですが、テンバガーというゴールに到達するまでには、それなりの試練があります。どんな優良企業でも、マクロ環境で逆風が吹いていれば株価は下落しますし、外部環境に問題がなくても一時的な要因で損失を出すこともあります。株価が成長する銘柄ほど、ボラティリティは大きく、それに耐える精神的なコストを支払わなければならないのです。

最近であれば、ニトリホールディングス（９８４３）ですね。同社は上場前から36期連続、１９８９年の上場後33期連続となる増収増益記録を達成しており、ポーカーでいえばエイシーズ（Aが２枚のハンド）のような超優良企業です。しかし、２０２４年３月期の決算で連続記録は途絶えてしまいました。

海外で製造した商品を日本で売るビジネスモデルである以上、急激な円安が進行していた環境下ではどう頑張っても業績は伸ばせないからでした。手元に強いハンドが来たのに、場に開いた３枚のカードとはまったくかみ合わなくて戦えない状態のようなものですね。

木原　そもそも、参加したゲームに必ず勝たないといけないわけじゃない。裏目に出るゲームがあるのは当然で、いちいちくよくよしていたら身が持たないですよ。正しい行動をして負けてもそれは仕方がないことで、それでも期待値が最大になる確率的に正しいプレーを続けていれば、長期的には勝てます。

エミン 株式投資でもしっかりリサーチして、株価が上がるまでのストーリーを描いて投資しても、うまくいかないときもある。それで損したからといって、それだけで自分の投資を否定するべきじゃないよね。もしそれで大損しちゃったのであれば、それはロジックが悪いのではなく、リスク管理の方に問題があったと反省すべきでしょう。

木原 正しいプレーをしているのに、負けたという結果だけを見て後悔する人もいますね。たとえば強いハンドを持っていて、場のカードを見ても勝率が高いと判断して強気にベットし続けたのに、たまたま対戦相手がもっと強い役を引いて最後にまくられたような人が、「どこかで降りればよかったかなあ」と悔やむということはよくあるんですよ。そんな必要全然ないのに。

有利なときにポット（参加しているプレーヤーによって集められたチップの総数のこと）を膨らませることができたのなら、最後にまくられたというのは結果論ですから、そこを後悔するのは悪い反省です。

エミン 運の要素は一定程度あるんだから、そこは淡々と受け入れる必要がありますね。

木　原 株でも、予測できない外部環境の変化や災害、事故のようなことで大きな損失を出すこともありますからね。最近だと小林製薬（４９６７）の紅麹問題がありましたが、あんなケースを事前に予測して回避するなんて不可能です。それで損失を被ったとしても不運だったというしかないと思います。

多くの人は結果ばかりを重視して、負けたときに反省するんですが、むしろ勝ったときの方が反省すべき点は多いと思いますよ。ポーカーでも、負けたゲームを振り返っても実はそんなに悪いプレーはしていなくて、逆に勝ったときの方がまずいミスをおかしていることは多いんです。

僕自身も、勝ちはしたものの、もっと多くのポットを取れたはずだとか、たまたま運に恵まれて勝てたけれどあれはよくなかったと思えるプレーはたくさんあります。取れるべきものを取り逃すということは、回避できた損失を回避できなかったこととまったく同じことなのですが、多くの人は勝ちという結果にとらわれて、振り返ることをしないんです。

株とポーカーの共通点⑧
理不尽に負けないメンタルが必要

木　原　ポーカーをやっていると正しいプレーをしたのに負けてしまうだけならまだしも、雑なプレーをする対戦相手がラッキーを引き続けて独り勝ちするような理不尽な場面にも遭遇します。こういうときには経験豊富な人であっても腹を立てたり、イライラしたりすることはありますが、強くなるにはそういう理不尽にも慣れないといけませんね。

エミン　FXでも、買った途端に下落して慌てて損切りしたのに、そのとたんに上がるという往復ビンタを食らうというのはよくあるよね。逆に、損切りできずにオロオロしているうちに値を戻してきて助かった、っていうパターンもある。でもこの場合は、損切りして損失を確定させたトレーダーの行動が圧倒的に正しい。正しい行動をしたのに、損を確定させられるんですから、理不尽ですよね。

木原 こういう場合、損切りできずにたまたま助かった人は、自分の読みが当たったと思っちゃうんですよね。ポーカーでもよくありますよ。チップを大幅に減らしてしまった人が無茶なプレーをして、運良くチップを回復させるパターンが。でも、49対51の49側を待つようなプレーをする人はトータルで負けるんです。

エミン こういうときこそ、焦って取り戻しに行くのではなく、より慎重にリスクを抑えるべきです。正しい判断をしたのにたまたま負けてしまったというなら、時間が解決してくれますから。

木原 本来は勝っているときなら少しリスクを上げてもいいし、負けているときは慎重になるべきなんですが、逆をやっちゃう人が多いんですよね。

エミン　一か八かみたいな大勝負に出て損失を取り戻そうとしてしまうんだよね。「これで損失を取り戻す、そうしたらもうやめる」なんて言うけど、そういう人に限って取り戻したとしても絶対にやめない。

木原　その日はやめても、次の日は知らん顔して帰ってきますね（笑）。こればかりは経験を積んで、スキルを上げていくしかありません。正しく勝つ経験を積み上げていくことで、ひとつの不運な負けに執着したりムキになることが減り、メンタルも安定しやすくなると思います。

エミン　損切りできずにいるうちにたまたま助かった人も、ポーカーで無茶なベットをして勝った人も、間違った成功体験を積んでしまったことになるので、同じような局面が来たらまた同じことをしてしまいます。どちらも、いずれは大敗して退場させられることになります。
　損切りしたトレーダーやフォールドしたプレーヤーは、そのときは損失を確定させることになるけれど、この正しい行動を続けている限り生き残ることができます。

勝ち負けにとらわれてプロセスをないがしろにする人は、遅かれ早かれ退場させられるんですよ。正しく負けたなら、そこは深く考えてはいけないし、次のトレードで損を取り戻そうとしてはいけない。そういうこともあるのだと受け流して気持ちを切り替え、次の判断に影響を及ぼさないようなメンタルを維持することが重要です。

株とポーカーの共通点⑨ プレーするテーブルを選べる

エミン ポーカーはテーブルを選べるのがいいですね。先日、ラスベガスに行ったとき、泊まっているホテルの1Fにカジノがあって、100ドルで参加できるローカルトーナメントがあったので、出てみたんですよ。そうしたら、面白いぐらい勝てました。

100ドルで参加して500～600ドルぐらい勝つというのを1週間繰り返して、全部で6000ドルぐらい勝てました。

どうしてそんな簡単にお小遣い稼ぎができたと思います？　木原さんみたいな強い人が全然いなかったからです。

木原　確かにそういうトーナメントにプロはいないし、勝つのはそんなに難しくないでしょうね。簡単に手堅く稼げる場にどうしてプロがいないかというと、キャッシュゲームのテーブルでプレーした方がそれ以上の時給になるからです。

そうなると、こういうテーブルに座っているのはゆるいプレーヤーばかりです。

配られたハンドが弱くてもひたすらコール（その時点での相手のベットと同額のチップを支払うこと）して遊びたい人ばかりなので、エミンさんぐらいの腕前を持つ人なら簡単に稼げるでしょうね。

エミン　カジノでは様々なステークスゲームにおける賭け金の大きさやレベルのテーブルがあります。参加に必要な額が100ドルというテーブルもあれば、1万ドルのテーブルもある。ゆるい人ばかりのテーブルを選べば長く遊べるし勝てることも多いけど、木原さんのような人が座っているテーブルに行くと、一瞬ですべてのチップを失ってしまいます。

要するに、100ドルのテーブルはアマチュアばかりですが、1万ドルのテーブルはプロやそれに匹敵する人ばかりです。ポーカーで稼ぎたいなら自分のスキルを見極めるのが重要で、それを超える人たちと同じ土俵で戦うのは自殺行為ですね。負けてもダメージが少ないテーブルを選んでプレーをするスキルは必須です。

こうしたテーブルセレクションの考え方は、そのまま株式投資にも当てはまります。大事なのは自分の資産と知識、スキルのレベルを正しく把握して、正しいテーブルを選ぶことです。

木原　同感です。僕は銘柄がそのままテーブルだと思っています。日本の株式市場には4000近い銘柄が上場しているから、4000のテーブルから選べることになります。僕は強いプレーヤーがそろっているようなテーブルには、あまり座らないようにしていますね。

エミン　木原さんが座らないテーブルって、どんなテーブルなの？

木原　機関投資家や外国人投資家、新NISAで買っている個人投資家までが勢ぞろいしているような銘柄です。そのほとんどが優良銘柄といわれるものだとは思うけど、そういう銘柄は避けますね。僕が投資するのは、時価総額が2桁億円から3桁億円の前半しかないような小型銘柄が中心です。こうした銘柄には、少なくとも強力なプロプレーヤーである機関投資家や、大きな資産を持つ強い個人投資家は入ってこないので勝ちやすいんです。

エミン それは極めてポーカープレーヤー的な考え方だね。

木原 株式投資は安く買って高く売れば利益を得られますが、そのためにはだれかに安く売ってもらう必要があります。NISAで買う個人投資家は強い相手ではありませんが、正しく売買することなく放置してきますし、強いプレーヤーは簡単にミスをしてくれませんからね。

　強いプレーヤーは良い銘柄が割安になっていればすかさず買いに来てあっという間に株価が上昇してしまうので、大型株で異常な割安さで放置されている銘柄はそこまで多くありません。しかし、強いプレーヤーがほとんどいない小型株のフィールドでは、良い銘柄が割安でゴロゴロ放置されていますよ。あまりよくない会社なのに割高ということもありますが、良くも悪くも適正な価格になりづらいのでチャンスが多くあるんです。

もちろん、時価総額が小さければすべて買いだというわけではなく、その中でちゃんと目利きをするのが前提ではありますけど。よい会社で、割安な銘柄をきっちり選んで投資して、上昇するのをじっくり待っていれば大きなリスクを取らなくても勝てるはずなんです。

株とポーカー、難しいのはどちらか？

エミン　株とポーカー、どちらの方が難しいと思いますか？

木原　どのぐらいのレベルで話をするかでまったく違うと思いますが、打ち続けてトータルでお小遣いになる程度を稼ぐなら、カジノでポーカーをする方が簡単じゃないでしょうか。日本国内ではお金を賭けることは禁じられているので、そのためにわざわざ海外のカジノに行かなければならないという問題はありますが、ある程度の実力があれば勝てます。

ただポーカーでは、小遣い稼ぎのレベルと、生活できるお金を稼ぎ続けるレベルまでの距離はものすごく大きいのです。前述したように、ポーカーの場合はレートを上げると対戦相手のレベルが跳ね上がるのでプロを目指すのはハードルが高い。株でもコンスタントに稼ぎ続けるとなるとかなり難しいと思いますが、ポーカーよりは生活費を稼ぐことができるまでの難易度は低いように思います。

エミン 株取引もポーカーも、億万長者を目指すというのは極めて難しく、ごく限られた人にしかできませんが、そこまで求めなければ、株の方が難易度が低いと思います。

なぜなら、株の方がプール（取引量や市場規模）が大きいからです。たとえば私がありったけのお金をラスベガスに持って行ってポーカーで倍にしようとしても、お金を持っているゆるいプレーヤーと同じテーブルに座れるとは限らないのでうまくいかない可能性が高い。あるいは、少ない魚を大きい鯨が奪い合うような世界が私を待っているかもしれません。

これに対して、株式市場は歴史的に見れば平均して年10％ほどの上昇を続けていて、常に富が作られ続けています。好不況の波や様々な要因の影響を受けるにしても、シンプルな投資をしていれば株でそこそこ勝つのはそんなに難しくない。

ポーカーは楽しむ分にはいいけれど、大きく勝つにはやっぱり木原さんのような特別な頭脳が必要なんですよ。

木原　僕はポーカーだけでなく、将棋や麻雀、バックギャモンなどほかのゲームも好きなんですが、将棋でプロになるのは自分には想像がつかない世界です。
麻雀は今でこそMリーグができてプロとして生活できる世界になってきましたが、15年前はまったく想像できませんでした。バックギャモンは世界的なゲームなので生活できる可能性はありますが、それでも動く金額がはるかに小さいので、ポーカーが一番簡単で稼ぎやすいと判断したんです。株もポーカーも、頭脳ゲームの中では比較的簡単に生活できるものだと思います。

エミン　そもそも、普通の人が仕事を辞めるとか何十億円も稼ぐことを運用の目的にしたらだめなんです。それを目的にしたら99％負けます。多くの人にとって、資産運用の最適な目標は「人生にバッファ（ゆとりや余裕）を持つこと」です。仕事以外でも、お金を増やせる手段を持つことで資産を増やすことができる。それが心に余裕をもたらして、日々の生活を豊かにすることができるんですよ。

木原　勤めている会社に不満があるとか、嫌な上司に悩まされていたとしても、その会社を辞めたら翌日から食べていけなくなる人と、転職して年収が減ったとしても生活できるという人では、感じ方はまるで違うでしょうからね。

エミン　そう、ストレス源は同じでも、いつでも辞められると思えば、実際にかかる負荷は小さくなるんです。
　また、「40代になってから思いがけず子どもを授かった」とか「子どもが医学部に合格した」なんて思わぬ幸せが訪れたときでも、こうしたバッファがあれば、お金のことで不安になることなく素直に喜べますよね。

だから私は、たとえ投資で億り人になったとしても、安易に仕事を辞めてはいけないと言っています。それだけあれば、しんどい仕事にしがみつかなくても、余裕を持ってできる仕事に転職もできるでしょう。一生働かなくて済むには1億では足りないけれど、10億を目指すと難易度が高過ぎて逆に不幸になることもあります。

だったら、1億円を運用しながら、ストレスの少ない仕事に転職するとか、住宅ローンを返して日々の暮らしに余裕を持たせる方がずっと実現可能性は高いし、人生が充実するはずなんです。

木原 同感です。投資だけで食べていくというのは、東大に合格するのとさほど変わらない難易度のイメージですが、ほとんどの人には株は簡単に感じちゃうんですよね。

そんな高い目標を立てなくても、年5%増やせれば預貯金をはるかに超えるわけだし、15年たてば2倍にできるし、その間に配当や株主優待を受け取れるんですから十分ハッピーですよ。下手なトレードを繰り返したりしないで、分散して放置しておくのが多くの人には最適解だと思います。

エミン　買って忘れちゃうぐらいでもいいんですけどね。実際、ひと財産作る人って、そういう人ですよ。だけどみんな、短期的な株価の変動に振り回されちゃうんだよね。

木原　僕も5年前の投資では、優待をもらうことしか興味がなかったので、値動きなんてまったく見ていませんでしたね。

第2章

期待値抜群のバリュー株の見極め方

株価10倍ストーリーの描き方

エミン　私のストーリー投資では、有望そうな企業を見つけたら、その企業が属する市場が長期的にどれだけ成長できる余地があるか、そしてその市場で何％のシェアを取れるかという点に注目します。

市場が成長してシェアも拡大できるシナリオが描けるのがベストではありますが、市場の成長が大きければシェアが現状維持でも業績は伸びますし、市場成長が鈍化していてもその企業のシェアが拡大していくビジョンが見えれば十分魅力的なストーリーになり得ます。

このため、その業界にどの程度の将来性があるか、競合はどんなところがあるのか、労働集約型なのか資本集約型なのか、新規参入の壁はどの程度あるのかといったことを細かく調べていくわけです。

木原　株価がどのぐらい伸びそうかは、どう判断するんですか？

エミン　細かく計算し出すと大変ですが、シンプルに考えていいと思いますよ。たとえば、ある業界の市場規模が1000億ぐらいだとします。そこでA社が10％のシェアを持っているとすると、A社の時価総額も100億円ぐらいが適正だと考えていい。

150億円だったら割高だし、50億円だったらすごく割安で、倍になってもいいと考えられます。時価総額が倍になる余地があるということは、株価も同様に倍になってもおかしくないわけです。

現状の時価総額が適正な100億円だったとしても、市場が有望で将来1兆円のマーケットに成長することが見込めるなら、この会社は何もしなくても株価10倍を狙えることになります。市場は伸びなくても、その企業に成長性があってシェアを20％に伸ばせる見込みがあるなら株価だって倍を狙える。

いずれにしても、そこまでには5年や10年かかることもあり、これが本来の長期投資なんです。もちろん、これはあくまでたくさんある投資スタイルのひとつであって、だれにとってもベストだというわけではありませんが。

木原　でも、市場が成長するとか、企業のシェアが拡大するということは、プロの機関投資家はとっくに見抜いていることだし、かれらが投資するような銘柄であればすでに株価に織り込まれていますよね？

エミン　理論的にはそうだし、実際にそうなっていることもあります。だけど、１００％織り込まれているわけではありません。実際の割安株の数は、自分が想定していた以上に多くあります。相場が常に効率的ではないからこそ儲けることができるんです。

木原　個人投資家の場合、集められる情報には限界があります。さまざまな情報源を持っていて、時間をかけてそれを収集・分析している機関投資家と、そうじゃない個人投資家が同じ土俵で戦っても勝てる見込みはあまりないのではないでしょうか。だから、僕は基本的に、プロが見向きもしない時価総額が小さい銘柄に投資するようにしています。

個人投資家が不利にならずに戦えるパターンのひとつとして、時価総額が小さい銘柄で、月次報告や細かいIR（投資家向け広報活動）を出して情報を開示している、あるいは売上や業績に影響を与えるデータを収集しやすい企業を選んで投資する方法があると思っています。

エミン それは具体的には、どんな投資になるんですか？

木原 2022年に投資したトラスト（3347）が、まさに個人でも先の業績が見通しやすい企業でした。同社はVTホールディングス（7593）の子会社で、レンタカーと、レンタカーとして使った車を中古車として輸出するふたつの事業を手掛けており、営業利益はレンタカーが約75％、中古車輸出が25％程度を占めていました。

ただ、75％を占めるレンタカー事業に関しては、親会社と50％ずつ持っている子会社を通じてやっている事業なので、実質的にレンタカー事業が60％で中古車輸出事業が40％です。

レンタカーで古くなった車を海外に売るなんて、なかなかうまい商売をやっていますよね。同社にとってレンタカーは比較的安定的な事業であるのに対し、中古車販売は変動が大きく、業績に与える影響も大きくなっていました。
この会社の中古車の輸出先はバングラデシュがかなりの割合を占めていました。普段利用するお店やレストランが直近で繁盛しているかどうかは個人でもわかるように、海外向けの中古車の輸出がどの程度なのか、そのトータルを知ることも実は多くの人が思うほど難易度は高くないんです。この企業の場合、バングラデシュに輸出される中古車の台数をまとめてくれているサイトを発見したことで、それが可能になったんです。

エミン　なるほど。素晴らしいですね。

木原　トラストの2022年10～12月決算は大きな減収減益でしたが、このサイトによるとこの期間には輸出の台数がそれまでの半分以下に減っていたんです。そりゃ、業績も悪化するよなと思いました。
翌年である23年も年初は低迷が続いていたんですが、3月ごろから輸出台数が回復してきました。前年同期の水準には達していないのですが、4月以降も一定の水準を

トラストの週足チャート

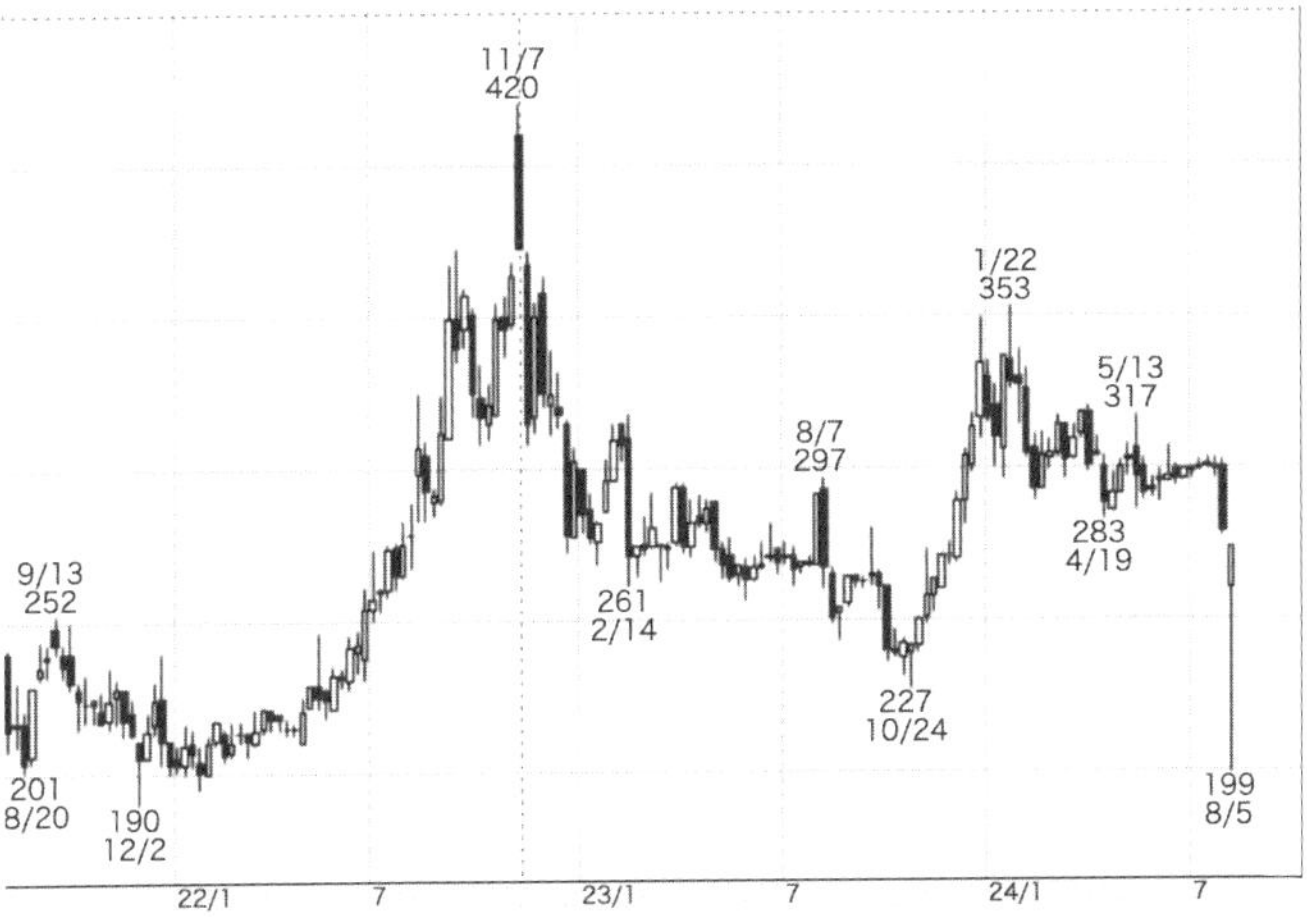

（出典：株探https://kabutan.jp/）

キープできていました。そして11月には、いったん下方修正が出ていた23年3月期業績を今度は上方向に修正する上方修正が開示されました。

しかし、上方修正が出ても、その程度の数字は織り込み済みという感じで、地合いで下げた10月の底値から数か月間の横ばいまで回復する程度でした。

ところが11月末に、10月のバングラデシュへの中古車の輸出台数が公表され、その数字が突然2倍ほどに跳ね上がっていたんです。それを見て自分がゆっくり買おうと指値を入れてたんですが、突然上をバリバリと買う人が現れたのです。

エミン 中古車販売台数のデータを見て、買い始めた投資家がいたんだね。

木原 僕もそう思います。10月のデータが出てきたのが11月末。その後、12月末にデータが更新されるまでゆっくり指値を入れつつ、次のデータが出るのを待ちました。

エミン これは、おそらく大きな資金を持つ個人が証券会社に頼んで、価格帯を指示して少しずつ買い集めるよう頼んでいるパターンではないかな。そうすると、このチャート（前ページ）みたいに、少しずつ上がっていくんですよ。

木原 11月分のデータが出たのは12月末。そしてそのデータは……なんと9月までとほとんど変わらない数字だったんですよ。株価はかなりの高値になってましたので、年明けに急いですべて売りました。結果的に買った理由がなくなったので、決算に反映されるまで保持はしませんでした。

エミン それはうまいトレードをしましたね。

ホクリヨウの週足チャート

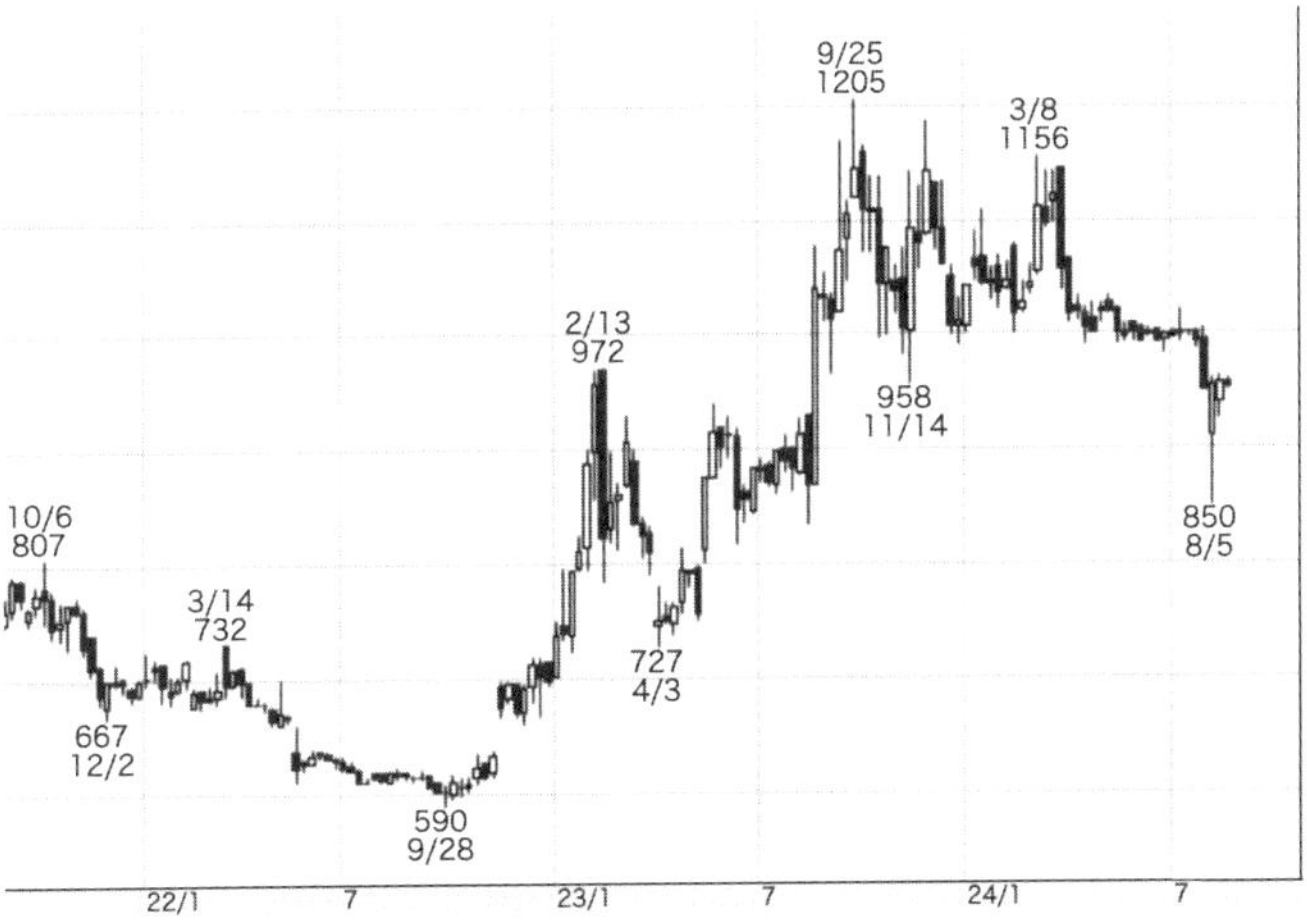

（出典：株探https://kabutan.jp/）

木原　同じような銘柄がもうひとつあります。ホクリヨウ（1384）という卵の会社です。2023年前半に鳥インフルエンザの影響で、卵の価格が高騰したのを覚えていますか。同社も30％ほどの鶏の処分を余儀なくされたので、4～6月の決算が悪いかと思いきや、それがとても良かったのです。それまでは1キロ当たり200円前後だった卵の卸売価格が350円ぐらいまで高騰したことで、数量が3割減でも価格が75％増だったためです。

7月から9月の価格も300円台前後で動いていたので次の四半期も好業

績が出るはずだと決算跨ぎで投資して、的中したんです。
しかし、秋以降は鶏卵卸売価格がかなり下がっていたので、決算発表で株価が上がった翌日にすべて売却しました。売った後も鶏卵価格のウォッチは続けていて、24年に入ると高騰前の価格にまで急落してきたので、5月に出てくる決算はかなり悪いのではないかということも想定できました。
なにしろ一連の卵の高騰で、すでに外食や加工食品の業界では卵をなるべく使わないメニューや生の卵を必要としない製品に切り替えたりしていました。卵の品薄と高騰が収まったからと言ってすぐに元に戻すわけではないので、需要はなかなか回復しないんです。僕がヘッジファンドのマネージャーだったら、空売りしているところでしたね。

エミン なるほど、それもひとつのストーリー投資だね。目先数か月の短期的なストーリーではあるけれど。

木原 このストーリーに合う投資を考えるのなら、卵をたくさん使うtoC（一般消費者向け）企業が良いのではないかと物色しました。原価高騰で値上げしても、toCなら原価が落ち着いていても値下げはしないからです。しかし、鶏卵を多く使う製品を提供するtoC企業が見当たらず断念しました。

エミン 時価総額の小さな銘柄で、なおかつビジネスがシンプルだと、こうした投資ストーリーを描きやすいんでしょうね。

木　原 その通りです。たとえば、スパリゾートハワイアンズを展開する常磐興産（9675）なら、雨が降らず猛暑日が続くとプールの来場客が増えて業績がよくなると期待できます。

実際にこのアイデアにもとづいて、23年の猛暑で常磐興産に投資したんです。

本業のハワイアンズは予想通り絶好調だったんですが、別に手掛けていた農業ビジネスの子会社がコロナ禍以降赤字を出し続けていて、その減損処理をしたために決算の見た目がかなり悪く、失敗に終わったんですけどね。そこまで業績に影響する別のビジネスをやっていることを調べきれていなかった自分のミスでした。

エミン　確かに、小さい企業で主要なビジネスがひとつしかなくて、それがシンプルな事業であれば、業績を推測するのはそんなに難しくなさそうだね。

木　原　そうです。これが大企業だと、材料がどの程度ビジネスに影響するかがわからないし、プロが常にウォッチしているので何かあればすぐ株価に織り込まれます。多角化している企業では、こっちのビジネスが良くてもあっちのビジネスが悪いということはよくあるので、株価への影響を調べるのが大変です。

それに比べたら、卵一本とか遊園地一本でやっている小さい会社であれば、天気予報や景気、卵の卸売価格の推移をチェックしていればだいたい業績の方向は推測できます。投資ストーリーが描きやすいし、雲行きが怪しくなったときに逃げるのも簡単なんです。

個人投資家でもプロに勝つことは難しくない

エミン 木原さんの投資スタイルは極めてポーカー的だね。プロや強豪がひしめくテーブルは避けて、観光客がゆるく楽しんでいるようなテーブルに座って勝負するわけだ。実にクレバーです。

木　原 小型株特有のリスクはあるでしょうけど、大型株で相手のレベルが上がるリスクに比べたらよほど受け入れやすいです。

エミン 木原さんのこういうアプローチはすごくユニークだし、明快でとてもいい投資スタイルだと思う。実際、この手の銘柄ではかなり機能するんじゃないかな。
　でも、実際やるとなるとちょっと大変かもしれない。銘柄研究が好きな人ならいいけれど、専業投資家でもない限り普通の人にはここまで銘柄リサーチに時間を割くのは難しいでしょう。
　必要な情報が見えている企業に投資すればいいという考え方はその通りだし、木原さんはうまく実践しているけど、現実にはそういうデータを簡単に探せるような会社はそんなに多くはないので、見つけるのも苦労するかもしれません。

木原　おっしゃる通り、作業はすごく大変ですが、僕はこういうのを調べるのがまったく苦にならないんですよ。大変なだけで、難易度としてはむしろ低くて簡単です。プロばかりのテーブルに座るとか、市場規模が数兆円レベルになってる業界の方がよほど難しいし、太刀打ちできる気がしませんから。

エミン　ただ、時間がなくても、大きい会社でも、成長ストーリーを立てられないわけではないと思います。たとえば、私は２０１８年に書いた『それでも強い日本経済！』（ビジネス社）の中で、ソニーを推しました。なぜソニーが有望だと考えたかというと、当時のネットフリックスと比較したからです。

ソニーの中にはたくさんの事業セグメントがあるけど、エンターテイメント事業の規模だけで当時のネットフリックスと同じぐらいの規模があったわけ。それなのに、時価総額を比較するとソニーはネットフリックスの5分の1ぐらいしかなかったんですよ。さすがにこれはあり得ない割安さだと指摘したんです。

木原　なるほど。

ソニーグループの週足チャート

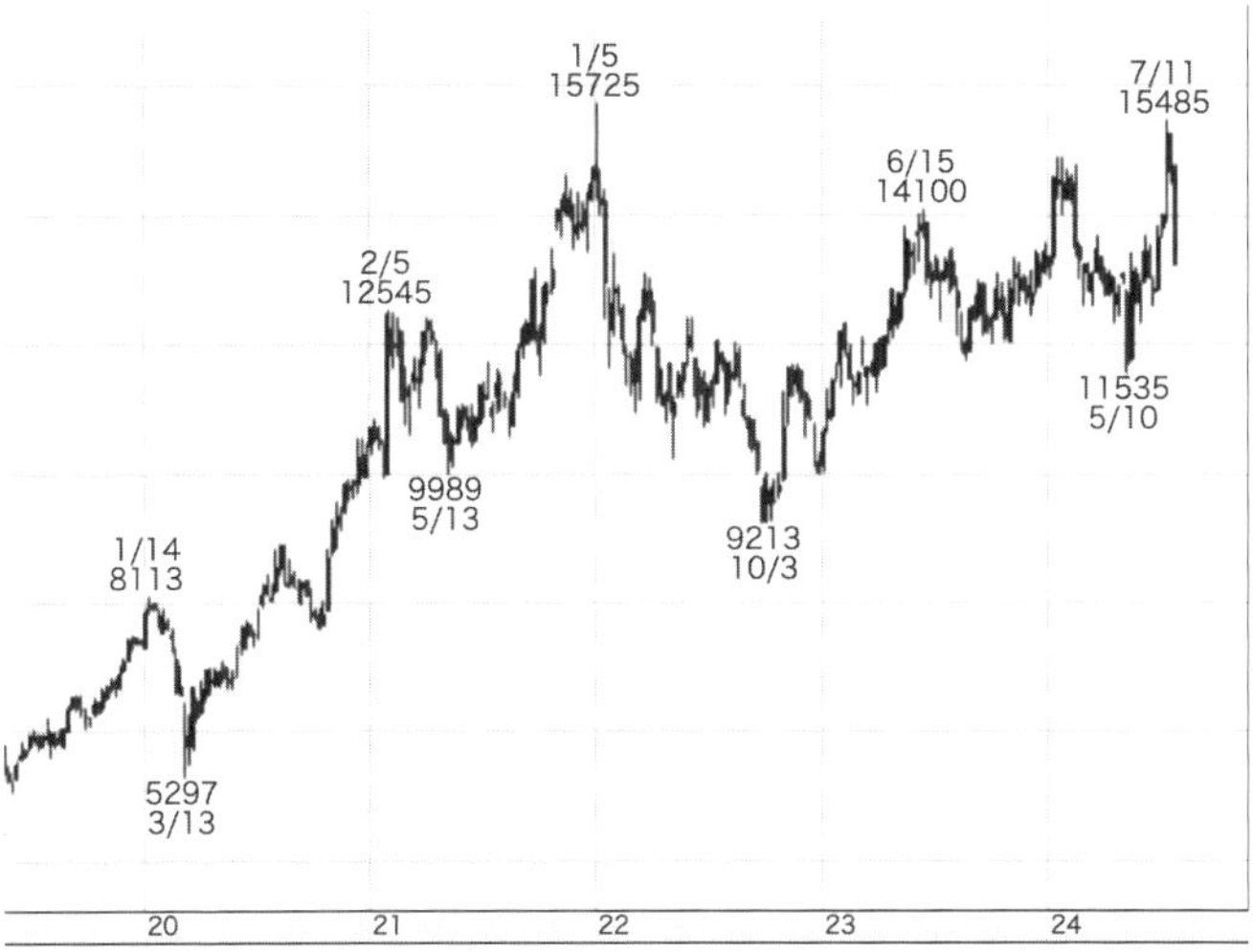

（出典：株探https://kabutan.jp/）

エミン　その後ソニーの株価は3倍以上になって、当時の割安さは是正されましたが、このぐらいの判断なら個人投資家にもできるはずです。1か月後や3か月後の売上や株価は予想できなくても、3年とか5年とか、そう遠くない将来に割安すぎる株価が是正される可能性であれば、発見できます。

PBR（株価が1株当たりの純資産の何倍かを示す株価指標）でも同じです。私は以前からPBR戦略の重要性を説いてきましたが、それはインフレ経済下では低PBRは必ず是正されるからです。大型株の低P

BRはすでにかなり是正されて、1倍割れの銘柄数は大きく減りました。これからは中小型株の番です。ただそれが、3か月後なのか、半年後なのか、1年後なのか、5年後なのかというのがわからないだけです。

機関投資家は四半期ごとあるいは1年で評価されるので、その間に結果を出すことを迫られます。だから、いつ結果が出せるかわからない投資はできなくて、同じような銘柄に集中してしまうんです。エヌビディアみたいな株を持たないでいると、ライバルに負けちゃいますからね。

でも、個人投資家は結果が出ない期間があっても、待つことができる。そこは大きなアドバンテージです。

木原　確かに、個人投資家は短期で結果を出すよう誰かにプレッシャーをかけられるわけではないですね。

エミン　そう。木原さんのようにプロがいない銘柄で勝負するのもいいし、時間を味方にして機関投資家がいるテーブルに座ったっていい。個人には時間という武器があるのだから、決して太刀打ちできないわけではないんです。

木原 じっくりと待つ投資は、僕もやります。むしろ短期で利益を狙う投資よりも、待つ投資の方がメインです。なかでも今、本命視している銘柄は、業績が良いことと、いつMBO（経営陣による買収）されてもおかしくないという理由で保有しているので、目先の株価はそんなに気にしていません。このほかにも、5年後に時価総額が3倍になると信じて保有している銘柄もあります。

エミン いいですね。それはどういう根拠から、3倍になると予想しているの？

木原 ひとつが中期経営計画で、会社側が営業利益を150億円という計画を出していることです。この会社の過去の決算を見ると、当期利益はだいたい経常利益の70％ぐらいなので、中期経営計画の最終年度の当期利益はおそらく100億円ぐらいと予想できます。

その目標を達成したときに今のPER（株価が1株当たり純利益の何倍になってい

るかを表す指標）を維持しているなら、時価総額と株価は3倍になるというシンプルな計算ができたんです。もちろん、ビジネスモデルや成長性も魅力的で、この中期経営計画には妥当性があり、実現可能性が十分あると感じています。

エミン　それは楽しみな銘柄ですね。

木　原　中古車や卵の例のように、目先の業績成長のロジックだけで株価上昇を見込むなら、せいぜい3か月か6か月先ぐらいまでしかわかりません。こうした銘柄を3か月ごとに次々と見つけていくのはさすがに無理なので、もっと長いスパンで見ないと投資できる銘柄がなくなってしまいますね。

エミン　木原さんはファンドマネージャーとかリサーチャーにも向いていると思いますよ。一緒に中小型株ファンドを作りたいぐらいだね。

時価総額は大きい方がいいのか、小さい方がいいのか

エミン 木原さんは時価総額が小さい会社を狙うということだけど、具体的にいくらぐらいをターゲットにしているんですか？

木原 小さければ小さいほど魅力的です。20～30億円ぐらいが理想ですね。

エミン それはもう中小型株というより、ミクロ株といった方がいいレベルだね（笑）。

一般的には、時価総額が数百億円ぐらいまでが中小型株とされています。機関投資家は基本的に1000億円以上ある銘柄でないと買わないので、それより小さいと中小型株だといえるんです。

中小型株専門に投資するファンドでも、さすがに100億円未満の会社には投資できないから、時価総額が2桁億円の銘柄は個人投資家の独壇場です。

木原　たとえば、エミンさんが言うような市場やシェアの成長が期待できる銘柄であっても、大型株だと経済情勢が変わってその成長の雲行きが怪しくなってきたら株価が暴落しますよね？

エミン　その可能性はありますね。

木原　悪材料が出たら瞬時に株価に反映されてしまうところが、大型株がハイリスクだと感じる理由のひとつです。小さい会社でももちろん反映はされますが、大きい会社ほど敏感ではないからさほど下落しないんです。

そもそも僕の場合、ファンドや機関投資家が投資しない会社の方が、心地良いんですよ。大口の投資家がいて流動性があると、その分株価は上にも下にも動きやすい。こういう流動性がある銘柄ほどスキルが求められるので、個人にとっては不利だと思うんです。

エミン　私に言わせれば、流動性がないという点はむしろ大きなリスクですよ。100株や200株ならいいけれど、時価総額が100億に満たない銘柄で万単位のポジションはとても作れません。ストップ安が何日も続いて、売りたくても売れなかったらどうするの？

　たとえば、さっき紹介してくれたトラストの場合、もし輸出先のバングラデシュが自国の自動車産業を守るためになんらかの規制をかけるようなことになったら、そのとたんに値がつかなくなるんじゃないかな。私もこういう状況を食らったことあるけれど、本当に血の気が引くよ。頭が真っ白になる。

木　原　僕、そういう銘柄でも平気で大きいポジションを持っていますね。信用（取引）で持っている分を現引き[※1]したら大株主に名前が載っちゃうような銘柄もあります。時価総額が小さすぎて自分が売るだけで大暴落になっちゃうようなサイズを持ってはいるけど、自分の資産の中では特に高い割合ではないので、そこで数百万ぐらいのマイナ

※1　買い建玉の決済の際に、反対売買による差金決済ではなく、現金を支払って株式の現物を引き取ること。

スを食らったところでそこまで大きなダメージにはなりません。

エミン 中小型株でも信用買い残[※2]が膨らんでいるような銘柄だとヘッジファンドのターゲットになりやすいのもリスクです。実際、私も中小型株でヘッジファンドの空売りにやられた経験はあるんです。個人は空売りできない銘柄なのに、ヘッジファンドが貸株でガンガン空売りしてくるんですからたまりません。

時価総額の大きい会社だったら個人だって空売りで対抗できるし、そもそも流動性があれば意図的に株価を崩したりはできない。小さいとそれができちゃうのも怖いと思います。

木原 それは中小型株の中でも、人気株ですよね。そうじゃないと制度信用[※3]の買い残はそんなに増えませんから。僕が見ているような不人気株は、買い残なんて全然伸びませんよ。

そもそも大型株だって、ヤバイ材料が出ればストップ安になって売るに売れなくなるというのは同じです。むしろ流動性がある方が、ダウンサイドが大きい気がします。エミンさんがおっしゃる通り、流動性に乏しい銘柄は悪材料が出たタイミングで売ることはできないでしょうけど、それを見越したうえでの分散投資をしているので、そんなに大きなリスクとは思っていないです。

エミン 僕が木原さんの投資スタイルで唯一、賛同できないのは、そこかな。何かあったらストップ安で何日も株価がつかないリスクを抱えるなら、最低でも株価2〜3倍は狙える銘柄でないと割に合わない。2割上がったら売るような銘柄でそんなリスク抱えたくないからね。

逆に、こうした流動性リスクのない大型株だったら、1割2割の小さな上昇を狙いにいくのも十分アリです。中小型株みたいに株価が10分の1になるということも、まずないしね。

※2 信用取引を利用して買われた取引のうち、資金の返済が終わっていない株式の残高のこと。
※3 返済期限が最長6か月で、品貸料（株式が不足した際、売り方が買い方に支払う調達費用）が取引所の規則で決められているもの。

木原 僕の場合、2割ぐらいの株価上昇は「上がったら嬉しい」ではなく、「確定で上がる」ぐらいの感覚で投資していますね。特に数か月で勝負をつけようと思っている銘柄は、もう2割上昇程度は確実と思って投資します。95％の確率で2割上昇して、3％の確率で横ばい、2％で下落するというイメージですね。だったらリスクリワード的にＯＫだと考えているんです。

エミン なるほどね。そういう銘柄を手放すときは、どうしようと考えているの？

木原 流動性が低い銘柄の出口戦略は難しくないかとよく聞かれるんですけど、好決算が出たときや何らかの材料が出て必ず流動性が膨らむ時期があるので、あんまり気にしていませんね。そうならなかったとしても、少しずつゆっくり指値で売っていけばいいだけだし。

そもそも、ひとつの銘柄が半値になっちゃったとしても、それで破産したり追証（委託保証金を追加で差し入れなければならない状態）になったりするほどの集中投資はしていません。

SNSでよく見る短期的に資産を伸ばしている個人投資家の中には、資産の総額より大きいサイズのポジションをひとつの銘柄に張っちゃうような人もいますけど、自分はとてもそんなことできないですね。銘柄の分散はとても重視しています。

エミン　まさにポーカーのバンクロール（軍資金）マネジメントだね。短期トレードはもちろん、長期投資であっても、ひとつの取引にすべてをかけないこと、使う予定のあるお金で投資をしないことが重要です。

木原さんと話していて何が面白いかっていうと、木原さんのファンダメンタルズ（国や企業などの経済状況を示す指標のこと）に対する思考を聞いていると、もうこの人はアナリストかファンドマネージャーのレベルだなと思うときがあるんです。

でも逆に、木原さんの投資がとんでもなくギャンブル的で、大きなリスクを取っているなと感じるときもある。本当におもしろいなと思います。

株主を見れば上昇の兆しが見える

エミン 木原さんは時価総額の小さい銘柄の中から、どうやって有望銘柄をピックアップしているの？

木原 以前はセクターごとに、ＰＢＲやＰＥＲなどでスクリーニングして割安な銘柄を探して、そこから気になった銘柄を調べる、ということをやっていました。けど、それもやり尽くした感があって、今はもうそれほど頻繁にスクリーニングはしていません。

それよりも、決算のニュースを調べて、面白そうなものがあれば深掘りすることが多いですね。あとは、Ｘで流れて来た銘柄で気になったものを調べることもあります。

ＰＢＲやＰＥＲは、低ければそれでいいというわけではありません。増収増益が続いているなど、業績を着実に伸ばしている銘柄であることは必須です。そのうえでなぜ割安なのか、その理由は徹底的に調べるようにしています。その割安さが解消される可能性がどのぐらいあるかが重要なので。

エミン それはそうだよね。何年もずっと、割安のまま放置されている銘柄も少なくありませんからね。

木原 割安さを解消するカギになることもあるので、株主も調べます。一般的に大株主は創業者やその一族、持ち株会や株式持ち合いをしている取引先企業や金融機関、証券会社が多いんですが、何者かよくわからない大株主や大量保有報告書[※4]を出してきた株主がいたら、とりあえずその名前で検索してみます。

2022年にはナガホリ（8139）という銘柄で、複数の株主が大量に株を買い集め、そのうちの1社が経営陣の解任や新取締役の選任を求めた騒動で、株価が一時

※4 上場企業の株式を発行済み株式数の5％超保有した場合に、開示制度によって内閣総理大臣に提出が義務付けられる法定書類。

10倍ぐらいになった例もあります。この銘柄に限らず、買い集めている株主がいる銘柄は、株価が吹き上がる可能性が高いんです。

今後もナガホリと同じような買収合戦や乗っ取り合戦は、いくらでも起こり得ると思っています。特に大きな割合を保有する大株主がおらず、株価が割安な銘柄であれば、いつ起こってもおかしくない。大量保有報告書が出ればわかりやすいですが、板を見て判断することもあります。少し株価が下がるとすかさず買いが入るということが続いている銘柄は、買い集めされている可能性があるからです。

ただ、こうした買収による株価上昇を狙う場合であっても、必ずそれが起こるとは限りません。投資するのは、何も起こらなかったとしても保有していて問題ないと思える企業に限っています。

エミン　ピンポイントで当てに行くのは難しいけれど、M&AやTOBされそうな企業を狙って投資しておくという戦略もありますね。たとえば、現金比率が高い銘柄、現金同等物を大量に持っていて有利子負債が少ない、あるいはゼロという企業は結構あるので、それだけで買収の対象になり得るし、アクティビストが口を出してくる可能性はあります。

気をつけなければならないのは、取引先やメインバンクなどと株を保有し合う持ち合いを解消しようという動きが出ていないかということ。こうしたケースではしつこい売りが来るから注意した方がいいね。親会社が子会社の株を売却するケースも増えているから、そういうところにぶつかると強い下落圧力にさらされてしまいます。

木原 それは重要ですよね。以前、保有していた銘柄で、親会社の保有比率が高すぎて上場維持基準を満たせていない銘柄があって、基準に適合するために親会社が保有株の処分を始めたんです。そのときは早めに逃げられてなんとか助かったんですが、株価へのインパクトがかなり大きかったので、逃げ遅れたらひどい目に遭っていたなと今思い出してもヒヤヒヤします。

エミン 売り出す額がハンパじゃないので、これはかなり大きなリスクです。中小型に限らず、それなりに大きな銘柄でも株価への影響は大きくなります。

何倍になるかより、どのぐらい下がるかを考える

木原　僕はお金を増やしたいとはもちろん思っていますが、それ以上に「お金を減らさないこと」を重視した銘柄選びをしています。板がスカスカな方が株価は下がりにくいので、出来高はなるべく少ない方がいいですね。出来高が多い銘柄ほど、資金が抜けたときに下落しやすいんです。

流動性がない方が下値リスクは少ないので、利益を出しているのに出来高が枯れているような銘柄で、将来の株価が上がる理由が見えていれば、もうほぼノーリスクぐらいに感じます。

買い集めている株主がいそうな銘柄は、さらに魅力的ですね。下落したタイミングでその大株主が買ってくるので下値は相当堅い。その大株主は売却しようとしたら、自分の売りで株価を大きく下げてしまうことは十分に承知しているので、長期で保有する前提で、出口は大きく株価が上昇したときであることがほとんどです。なので一

度に大量の株式が市場に出回ることはなく、やっぱり下値は限定的なんです。

エミン 私もダウンサイドは重視しますね。何%の上昇を期待できるかということよりも、何%下がるリスクがあるかの方がはるかに重要です。その意味でも下値余地の小さい割安銘柄は魅力的です。

なにしろ現預金をたくさん持っていて、安定した利益を出していて、それでも株価が低迷しているような銘柄だったら、これ以上下がりようがないですからね。下がったところでせいぜい20~30%、でも上げ出したら2倍3倍は十分あり得るわけだから、こういうのはポーカーでいうとオッズがめちゃくちゃおいしいのと同じ。勝つ確率が高くて、場にはチップがたっぷり積み上がっているような状態ですよ。

逆に人気化しているような銘柄は、下げ出すと目も当てられないようなひどい下げ方をするから、手出し無用です。

木原 僕もそういう株は、一切触りませんね。盛り上がっている銘柄は出来高も膨らんでいるから、おっしゃる通りジェットコースターみたいに下がりますから。

エミン 私の場合、ダウンサイドが大きい銘柄に一切投資しないわけではないけど、アップサイドが相当大きい場合に限ります。

私はビットコイン投資には懐疑的なのですが、これも同じ理由です。初期に投資した人たちはすごいけど、もう1ビットコインが860万円（2024年8月末時点）を超えている状況で、あとどれぐらい上昇余地があるかというと、せいぜい倍程度ではないでしょうか。でも下がりだしたら、それこそあっという間に10分の1になってもおかしくありません。

アップサイドとダウンサイドのリスクを比較して、ダウンサイドの方が圧倒的に大きい対象には投資すべきじゃないから、投資判断には必ず下値余地を考える必要があるんです。バリュー投資をよく理解している投資家ならこういう考え方ができるんだけど、多くの人にはそれが難しい。下をあまり考えずに、上ばかり期待しちゃうんです。

木原 僕もダウンサイドが小さいことを重視するタイプなんですけど、そういう人はアップサイドを取りにくいんですよね。特に地合いがいいときは、他の投資家に劣後してしまいます。日経平均株価がこんなに上がっているのに、自分のポートフォリオは何も変わらないということも多くて、そういうときの置いてけぼり感がすごい。ただ地合いが悪いときの下げも小さく済むので、変に焦らずに大きく構えていればいいんですけどね。

エミン　これって、逆張りの発想なんです。下値の堅い銘柄は、上方向に動くにも時間がかかることが多いので、相当長く我慢を強いられることがあります。

私も2018年ぐらいにスノーピークというアウトドア用品の会社に魅力を感じて新潟の本社まで見学に行って、投資しました。それなのに、一向に株価が動かなくてしびれを切らして売却したところ、その直後にコロナ禍でのアウトドアブームで急騰したんです。さすがにコロナ禍を事前に予測するなんて無理な話だけれど、もう少し忍耐強く待つべきでした。

ポーカーでも、何周待ってもいいハンドが来ないことってあるでしょう？　木原さんなら待てると思うけど、普通の人には難しいんです。

木原　確かに僕は、わりと苦もなく待てるタイプですね。そもそも、上がらなくてつまらないから売るという発想自体がよくわかりません。だったら最初から買わなければいいと思います。

ただ、なんでもかんでもすぐに買って待つだけが能じゃないなということも、最近わかりました。たとえば、ＴＯＢ、ＭＢＯやアクティビストがなんらかの行動に出ることを期待して投資した銘柄の場合は、その日がいつやって来るかわからないからずっと保有して待ちます。だけど、目先半年ぐらいは動きそうもないなと思う場合は、今すぐ買わなくても半年先でもいいんですよね。長期で上がると見込んでいる銘柄の全部を持っている必要はないと思います。

ＰＳＲの低い企業は狙い目か

エミン　木原さんは重視している株価指標ってあるの？

木原　主な株価指標は一通り見ますけど、特に重視しているのはＰＳＲ（株価売上高倍率、時価総額を年間の売上高で割った数値で、高いほど株価が割高とされる）です。

エミン　ＰＳＲは売上高を基準に割安や割高を判断する指標で、一般的にはグロース株を評価するのに使われることが多いよね。バリュー投資家の木原さんは、ＰＳＲのどういうところを意識しているんですか？

木原　確かにバリュー株でＰＳＲを意識する人ってほとんどいないように思いますけど、僕はＰＳＲが低いことをかなり重要視しているんです。そもそも企業成長には売上が伸びていることが必須で、さらに営業利益も伸びている、要するに増収増益であることが重要ですよね。ＰＳＲが低い企業の場合、利益率がほんの少し上がるだけで営業利益が大きく伸びるという特性があります。

たとえばＰＳＲがとても低くて営業利益率が２％のＡ社と、ＰＳＲが高くて営業利益率が20％のＢ社があるとします。営業利益の額が同じなら、一般的には営業利益率

PSR（時価総額÷売上高）の低い企業は魅力的か？

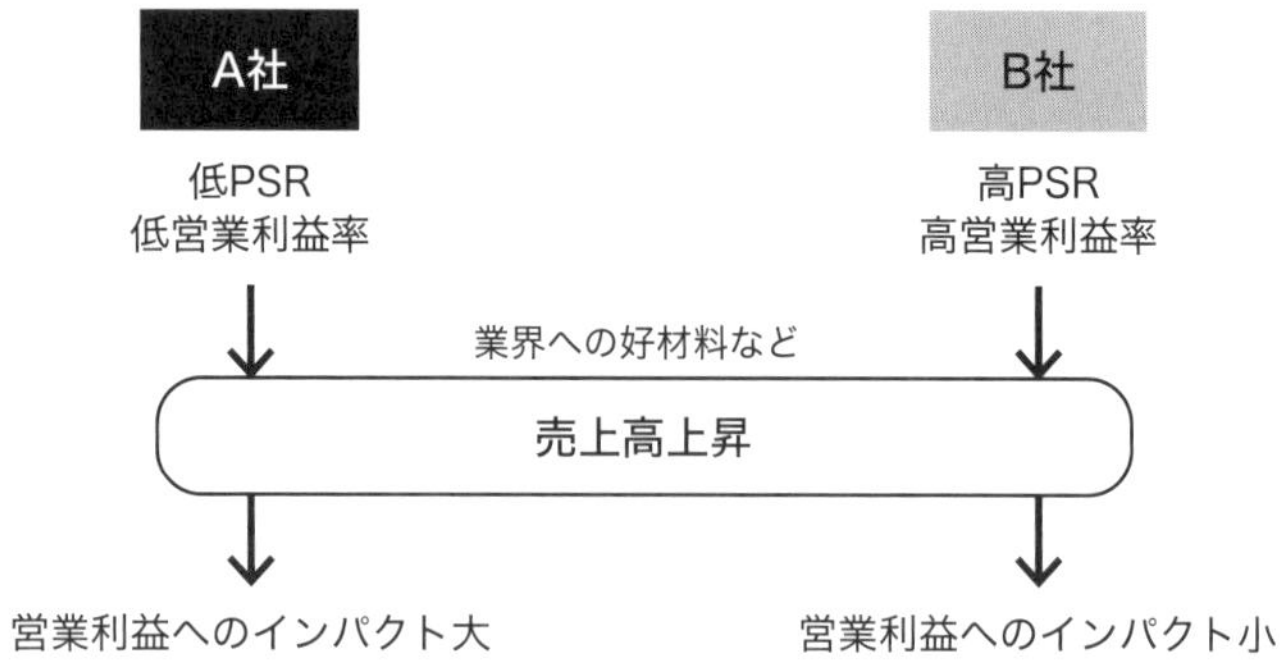

が高いＢ社が評価されますが、もし近い将来両社に営業利益率が上がる何らかの要因があるとすれば、断然ＰＳＲが低いＡ社の方が、投資妙味があります。Ａ社の営業利益率が２％から３％に上がることと、Ｂ社が20％から30％に上がることは、増える営業利益の額は同じですが、前者の方が遥かに簡単だからです。

エミン　なるほど。特にコスト構造が変わらなくても売上が伸びれば、営業利益率が自然に１％ぐらい上がってもおかしくない。売上が伸びる要因がある銘柄の場合、ＰＳＲが低いと利益成長のインパクトが大きいということですね。

木原　実際、ＰＳＲが低くて成長性がある企業は美味しいんです。僕が２０２３年にＰＳＲに目をつけて投資した銘柄の中に、エコートレーディング（７４２７）というペットフード卸の企業があります。

投資した当時の時価総額は73億円で、売上高は約１０００億円、翌期の見込みは１１００億円でＰＳＲは０・06〜０・07とかなり低い水準でした。この会社は薄利多売で、２０２２年２月期の営業利益は４・６億円、２０２３年２月期は８・５億円ほどで、営業利益率が１％弱です。要は稼ぐ力が弱いので、ＲＯＥ（自己資本利益率）や営業利益率を重視する投資家は見向きもしない銘柄だと思いますが、僕は注目しました。

同社のメイン事業はキャットフードの卸売で、売上高の約30％を占めます。２０２３年はさまざまなモノが値上がりした年でしたが、キャットフードは特に値上げが顕著だった費目で、30％ぐらい価格が上昇したんです。

キャットフードの価格がここまで上がれば、もともと薄利だった同社の業績へのプラスインパクトは相当大きいと考えられました。２０２３年7月に発表された２０２３年３〜5月期の決算は予想通り好調でしたが、株価は８００円から１１００円程度の上昇で、まだ上がる余地はあると判断して投資し、次の決算発表後に１６００円台をつけたところで売却したんです。

エミン 私は大のネコ好きなので、その銘柄はよく知っていますよ。うまくやりましたね。

木原 値上げができたといっても営業利益率が低いことには代わりがないし、こういう銘柄はほんの少し逆回転したら赤字に転落する可能性があるので長期で保有する銘柄としては向きません。でも、僕ら投資家は経営者と違っておいしい期間だけ投資して、うまみがなくなったらすぐ逃げるという手が使えますからね。

エミン なるほど、うまい投資をするね。もともとＰＳＲは、企業価値を判断するときに使いやすい指標でもあります。基本的にどんな会社でもＰＳＲが1を割っていれば私は安いと思う。

　そもそも企業は、売上と同じぐらいの時価総額があってしかるべきで、時価総額が売上をはるかに下回るのはおかしいし、逆に何倍もあるというのもおかしいんです。すごい勢いで成長しているグロース企業でＰＳＲが大きくなるのは理解はできるけど、それでも20倍30倍となると正当化できないと思うし、割高すぎると評価していいと思います。

銘柄にも人のようにそれぞれのキャラがある

木原　個別銘柄はよく見ていくと、銘柄によっていろんな癖《くせ》があると思いませんか。

たとえば僕の保有している銘柄で、業績の会社計画をすごく保守的に出して、本決算のときに大幅な上方修正をするのが恒例になっている企業があります。多少上振れるとか、たまたま予期しないことが起こったというならわかりますが、毎年のように当期利益が会社計画を大幅に上回って来るうえ、ときには数倍になることもある。

上方修正すればなんでもいいと思っているみたいで、ちょっとどうなのかと感じてしまいます。

ＰＥＲは、実績ではなく業績計画の数字をもとに計算する予想ＰＥＲを使うのが普通です。なので、こういう銘柄の場合は会社計画の少ない利益をもとに計算するため

ＰＥＲが高くなってしまって、スクリーニングには引っかかりません。機械的なスクリーニングはこういう銘柄をこぼしてしまうと気づいたこともあって、最近はあまりスクリーニングを使わなくなってしまいました。

エミン　そうなんだよね。企業も人間と同じ、いろんなタイプがいて、キャラがあるんです。業績計画だけでなく、株価の動きや企業活動全般においてもこういう癖はあって、相場全体が上がっているのに株価はピクリともしないとか、相場が下がっているのになぜか上昇する銘柄もある。

利益を出す気がないんじゃないかと思わずにはいられない企業もあれば、やたら現金をため込んでいるところもあるし。ＩＲだって、積極的で丁寧な企業もあれば、投資家の存在なんてまるで眼中になさそうな企業もあります。

特に中小型株は癖が強くて、一筋縄ではいかない。そこがまた面白いんですよ。

木　原　業績計画や修正の癖であれば株式情報サイトで修正履歴を確認したり、過去の開示を見ればわかりますが、そうでないところの癖は、把握するのは難しいですね。調べればわかることであっても、保有しないと頭に入ってこないこともある。

エミン そう。これも人と同じで、しばらくお付き合いしないとわからないんですよ。ウォッチリストに入れておくだけでは把握できないので、私はとりあえず気になる銘柄は100株だけお試し的に買うんです。あんまり高い銘柄だと無理だけどね。

木原 業績計画に対しては、癖というより企業の姿勢やメッセージだなと感じることもあります。期中に上方修正なしで増配を発表する会社もあって、あとから利益を上方修正して辻褄《つじつま》を合わせてくる企業もありますが、これは「予想は控えめにしてあるけれど、この増配ができる程度には業績を上げるつもりでいます」というメッセージなんだなと最近わかるようになってきました。

一般的には増益予想でも配当は据え置きにする企業も多いですが、常に期初から増配予想を出す銘柄もありますし、業績の下方修正はOKでも減配はNGという決まりでもあるのか、業績計画は正確に出すのに配当予想は控えめで決算が締まってから増配を発表する企業もあります。

業績計画に癖のある銘柄もおもしろくはありますが、やっぱりまじめな銘柄の方が好感度は高いですよね。日本企業は会社計画を微妙に下げて出しておいて最後は上方修正で着地するというパターンが多く、その典型例がトヨタ自動車（７２０３）です。でもそういう方針は、株主に対して不誠実だと思うんです。下方修正をいとわず、期初の予想を正確に出してくる企業は誠実だなと思うし、安心して保有できます。本決算またぎもしやすいですしね。

株式投資は経営者の肩に乗るようなもの

エミン　私は経営のかじ取りをするトップも重要だと考えます。企業を動かしているのはなんといってもトップだから、会社の価値は社長で決まるといってもいい。事業環境は日々変化していくけれど、社長は交代するまで変わりませんしね。個別企業に投資するのは社長の肩に乗るようなものだから、社長がどんな人物かを見極めるのも重要です。

でも一介の個人投資家が社長に会って話をするなんて普通はできませんから、株主総会に出席するのがいいと思います。社長が今後の事業計画を具体的に話せるか、ビジョンを語れるか、株主からの質問に対して堂々と答えることができているかを見ることで、トップの姿勢はある程度わかります。

大企業なら仕方ありませんが、規模の小さい企業の社長が、株主の質問に答えるのに、いちいち近くの役員や社員に聞いたりしているようでは不安です。

木　原　僕も一度は株主総会に行ってみたいのですが、株主総会は6月に集中しますよね。

毎年この時期はＷＳＯＰで日本を離れているので、一度も行けたことがないんです。

エミン　日本の上場企業の7割ぐらいが3月決算といわれています。株主総会は年度を締めてから3か月以内に開催することになっているので、どうしても6月に集中してしまうんですよ。

でも中小型株の中には、総会の出席者が数人しかいなくて、質問し放題の会社もありますから、一度は行ってみてほしいですね。私がこれまで参加した総会の出席者の最少記録は、私を含めて3人でした。

木原　おもしろそうだなあ。決算期の異なる銘柄に投資する機会があったら、ぜひ行ってみたいですね。

エミン　私は社長がどれぐらい株を保有しているかも重視します。経営者がたくさん株を持っているほど、株価が上がれば経営者の資産が増えるわけですから、株主と同じ目線でいられますし、経営に対する熱意はより強くなると考えられます。

逆に社員から社長に上り詰めたようなたたき上げ社長はあまり株を持っていないことが多く、株価を上げることより大きな失敗をせず次の社長にバトンタッチすることが目標になりやすい傾向があります。そんな社長のもとでは、チャレンジやイノベーションは生まれにくいですから。

木原　それは僕も重視します。創業社長であればなお、いいですね。そもそも創業社長は上場した時点で、一生遊んで暮らせるぐらいの大金を手にしています。それでも飽き足らず、野心をギラギラにみなぎらせて会社を成長させようとしている姿勢が見えると、頼もしいですね。

ただ、中には社長とその一族で株の大半を握っていて、会社を成長させようとする意志が見えない会社もありますね。自分と一族が配当を受け取りながら現状維持しているだけではないか、あるいは相続税対策として上場しているだけではないかと思える会社もあります。

株の保有割合が一族で過半に達していなければ、アクティビストが入ることで劇的に変わる可能性もありますが、その見込みがない会社には絶対投資したくありませんね。

エミン 大企業の社長ならいろんなメディアやインタビューに登場しているけど、中小型株だとなかなか社長を判断する材料に乏しいのが難点です。

ただ、社長の年齢はひとつの参考になります。一般的な傾向ではありますが、若すぎると経験が足りないし、年を取り過ぎていると守りに入ってしまいやすい。若さと経験のバランスがちょうどいいのは、40〜50代だと思いますね。

それより若くても悪いわけではなく、むしろ長所もあるのですが、経歴によっては社会のしくみをあまりわかっていない可能性がある点でリスクが高くなります。

若いころの三木谷浩史さんと堀江貴文さんを比較するとわかりやすいと思いますが、興銀（旧・日本興業銀行〔現・みずほフィナンシャルグループ〕）出身で日本の社会や組織のしくみを理解していた三木谷さんと、学生時代に起業した堀江さんでは、振る舞いが大きく異なっていましたよね。

投資情報を得るには、会社四季報と株探のどちらが便利？

エミン　木原さんは株式投資の情報ソースは何を使っているの？

木　原　もっぱら株探という株式情報サイトを使っています。気になる銘柄があれば、まずここで確認しますし、決算ニュースはほぼ毎日チェックして、面白い決算を出している企業がないかを調べます。

エミン　僕は年に4回、四半期ごとに発行される会社四季報に全部目を通して面白い銘柄がないかを毎号チェックしているし、毎朝複数の新聞に目を通していますよ。木原さんはネットが中心で、紙の情報源はあまり使わないんですか？

木原　個人投資家の多くが会社四季報を参考にしていることは承知していますが、僕にはピンとこないんですよね、情報が少なすぎる気がして。

エミン　四季報は深掘りするには向かないけれど、入り口としては使いやすいんです。その会社のビジネスや業績、バランスシート、株主構成、ＰＢＲやＰＥＲなどの指標やチャートなど、各銘柄の基本情報を網羅しているから。

木原　そういうのも、株探を見てる方が早い気がするんです。たとえば株主の情報ひとつとっても、株探には大株主という項目があって、名前をクリックしたらその株主がほかにどんな銘柄を持っているかという情報も出てくる。情報量が全然違います。

エミン それはそうでしょうね。紙媒体は何がいいかというと、パラパラとページをめくる中で、これまで眼中になかったような銘柄や情報に出会えることなんです。本を買うときと同じで、欲しい本が決まっているならネット書店が便利だけど、なにかおもしろそうな本がないかなと探すときは、本屋さんが向いているというのと同じです。

投資情報も、気になる銘柄があるならオンラインツールが便利だし、新しい出会いを求めるなら紙媒体に価値があります。特定の企業をチェックする場合でも、その前後のページに掲載されている銘柄の情報にも目を通すことで、その企業の相対的な位置を把握できるのも便利です。その企業だけが良いのか、業界全体に追い風が吹いているのかということもわかるんです。

木原 そういうことであれば、『会社四季報プロ５００』みたいなセレクションが入っている媒体の方が、自分には合っているかもしれない。全部で４０００銘柄もあると、正直言って目を通す価値のない銘柄もたくさんあるので、最初からそういう銘柄を省いてくれている本なら通読する価値がある気もします。ただ、自分が投資したいと思う銘柄は、時価総額で最初にスクリーンアウトされてしまうんですが。

エミンさんは会社四季報をどんなふうに読んでいるんですか。

エミン まずは特色欄を見て、何をしている会社かを確認します。次はコメントを読みます。前半の業績欄と後半の材料欄に分かれていて、業績欄はその名の通り業績のダイジェストが入ります。第2四半期と第3四半期決算の後の号では、次の期の見通しも入ります。業績欄の見出しも重要で、「V字回復」なんていうのがあれば、特に注目します。後半は、業績に影響を与えそうなトピックが書かれています。

次はＰＬ（損益計算書）を見ます。私は増収増益の企業しか買わないので、しっかり売上と利益が伸びているかをチェックします。赤字だったら、それ以上は見ずに次の銘柄に行きます。

次はバランスシート（貸借対照表）。自己資本比率が50％以上はＯＫ、７割ぐらいあるのが理想です。また、有利子負債という項目とキャッシュフロー欄の現金同等物という項目を見れば、どれぐらいのキャッシュと借金を持っているかがわかります。

営業キャッシュフローがプラスでないと、投資対象にはしません。右側のカッコ内は前期の数字ですが、全部プラスじゃないとアウトです。これを確認した後に配当利回りと株主構成を見て、最後にＰＥＲやＰＢＲなどバリュエーションを示す株価指標とチャートを確認します。

木　原　バリュエーションは最後なんですね。

エミン　ファンダメンタルズから入って、そこが問題なければバリュエーションとチャートの形を確認するという順番です。バリュエーションを入口にしちゃうと、バイアスがかかっちゃうのが嫌なんです。

たとえば、ＰＥＲが30倍という数字を先に見ちゃうと、割高というバイアスがかかってしまって、良いことが書いてあっても見逃してしまうかもしれないから。こういう指標は、数字だけで一律に割高とか割安を判断できるわけではありません。たとえ30倍を超えていても、成長期待があればむしろ割安かもしれないからね。

業績欄と材料欄コメントでは、重視しているキーワードに反応することが多いですね。たとえば、社長交代、史上初、提携、新製品といったキーワードを見つけたら、必ず読んで中身を確認します。あとは、そのときに自分が注目しているテーマのキーワードを見つけたときも同じです。少し前だったら、ＡＩとかインドとかだね。

木原　毎号、その作業を継続しているんですね。大変そうです。

エミン　私の場合は20年近くにわたって毎号読んでいるから、何がどこに書かれているかわかってるので、ひとつの銘柄の情報をチェックするのに30秒かからないですね。気になる銘柄には付箋をつけて、後でウェブサイトや決算資料などを確認して深掘りしていきます。木原さんは、株探を使ってどんなふうに新しい銘柄を見つけているの？

木原　主に決算です。株探ではその日に発表された決算や業績修正をダイジェストした決算ニュースがずらりと並ぶので、上から順にクリックして、おもしろそうな銘柄がないかを探しています。特に決算で株価が大きく動いたところや、上方修正といったキーワードがあればチェックしますし、ＰＴＳ（証券取引所を経由せずに株式を売買できる私設取引システム）で上昇している銘柄についても注目しますね。
業績修正の場合は、その理由を確認して、それが同じ業種に共通する理由だったら同業他社まで調べたりもします。とはいえ、100銘柄調べたとしても、おもしろいなと思えるのは1銘柄あるかないかです。ポーカーで忙しい時期以外は、ほぼ毎日この作業をやっています。
あとは、注目しているテーマで検索することもあります。たとえば2023年だったら、経済再開の恩恵が大きそうなインバウンド銘柄を検索していました。

エミン　なるほど、それは便利そうだね。私も株探をチェックしてみますよ。

木原　僕も実は、会社四季報は毎号必ず買っているんですよ。エミンさんのように通読はしないけれど、保有銘柄や監視銘柄の記載は必ずチェックしています。
ただ、保有銘柄に関しては四季報の担当者よりは調べているという自負があるので、会社四季報に新しい情報は特に期待していませんが。

エミン　だったら、どんな使い方をしているの？

木　原　一般的な投資家がその銘柄をどう評価し、どんな要因がどの程度株価に織り込まれているかを確認するために読む感じです。特に注目するのは、次の期の業績予想です。会社側が業績計画を公表しているのは進行期だけですが、四季報は次の期まで業績の独自予想を出しているので、その数字と自分が考える来期の業績予想を比較するんです。

自分が来期の営業利益を15億と予想しているのに四季報予想が12億だとしたら、自分が見込んでいる成長がまだ株価に織り込まれていないと判断できるので、まだホールドしていて大丈夫だと安心できるんですよ。

逆に四季報予想が20億と出していたりしたら、もうそこまで市場が織り込んでいる可能性があるので、手仕舞いも検討しないといけません。

エミン　なるほど、面白い使い方だね。確かに紙媒体はどうしても現実よりも遅行するので、読むころには株価がすでに織り込んでいるということはあるよね。

実際、コメント欄がネガティブなコメント一辺倒になっている銘柄は、大底か、あるいは底打ちが近い可能性が高いので、むしろ買いの判断ができることもあります。逆にポジティブなことばかり書かれている場合は、それがすでに株価に織り込まれていて、割高になっていることもあるんです。

すべての発信はポジショントークである

エミン　新聞も、時代遅れのメディアだと考える人もいるでしょうが、世の中を俯瞰して大局観を養うには今も最適な情報源です。誤報がないわけではありませんが、ファクトチェックが徹底されており、最も信頼のおけるメディアのひとつです。

ただ、漫然と目を通すだけでは不十分で、読み方があります。たとえば、史上初、世界初、何年ぶり、シェア拡大、市場拡大といったキーワードに注目するだけでも投資アイデアにつながるし、ネットニュースでは自らクリックすることのない情報も目に飛び込んできます。こうした複数の情報をつなぎ合わせて投資ストーリーをつくる

 こともできる。紙媒体をそういう視点を持って読んでみると、いろんな気づきがあると思いますよ。

いずれにしても、ソースを広く持って情報源を多様化するのが重要です。新聞ひとつとっても、できれば日本経済新聞だけではなく海外の新聞も含めて複数チェックして、いろんな角度から情報を得ることで、世の中のお金がどこからどこに向かっているのかがわかるようになってきます。一朝一夕で身につくものではないので、マッスルトレーニングのようにコツコツ継続して、考え続ける必要があるけどね。

木　原　なるほど。僕も経済ニュースは一通りチェックするようにしていますね。あと、情報源としてXをよく使います。

エミン　確かにSNSも重要な情報源ですね。どういうアカウントをフォローしているの？

木　原　それはもう、多種多様なアカウントを見ていますよ。あてにならない情報を投稿しているアカウントや煽《あお》っているだけのアカウントも、そうとわかってフォローしている分にはメリットがあると思っているので。

　他人の相場観をあてにはしませんが、企業分析を投稿しているアカウントを参考にすることはあります。気になっている銘柄を、Xで検索してどのぐらい注目されているかを推測するという使い方もします。

エミン

それはいい使い方だね。株に限らず、すべての発信はポジショントークだと思った方が付き合いやすいと思います。SNSで銘柄を探すのが悪いわけじゃないけれど、上昇銘柄を的中させているアカウントがあったとしても、目先の株価なんてしょせん上がるか下がるかの2択ですから、それだけで信用するべきじゃない。特にSNSはノイズが多いので、基本的には全部ポジショントークだと思った方がいい。

　僕も以前は個別銘柄について投稿していたこともあったけれど、もうやめています。相場操縦のようにとられると厄介ですから。そうじゃなくても、その銘柄を持っていればポジショントークといわれるし、持っていなければしょせん評論家だといわれちゃうんだから面倒です。いちいち気にしないことが一番なんだけどね。

木原　僕も自分が保有している本命銘柄は明かしたくないですね。万が一にもイナゴ投資家が寄ってきて急騰するようなことがあれば、長期的な株価上昇にはマイナスです。

健全に上昇していく方が株価はより高くなるはずですから。

そういう意味でも、気になる銘柄名で検索して、投稿がたくさん出てくるような銘柄は、むしろ触りません。逆に検索しても何も出てこない銘柄だと、まだだれも発見していないお宝割安株の可能性を感じます。

自分の直感は信じていいのか

エミン　銘柄に出会ったとき、直感でこの会社行けそうだなってピンとくるときはあるよね。もちろんそれだけで投資判断するべきではないけれど、その直感をきっかけに調べていくと、投資すべき理由が見つかることも多いんです。

木原　それはポーカーでもありますね。相手がベットした瞬間、「あ、負けた」ってわかることがあるんですよ。ただ、基本的にはロジックを優先するので、ロジカルに考えて降りるべきじゃないという結論に達したらその通りプレーを続けますが、最後は直感通りに負けてしまうことは多いです。

逆に、ベットされた瞬間に、「レイズをすれば、相手をフォールドさせられる」とわかることもあるし、根拠のわからない違和感に襲われるときもある。おそらく時間さえあれば、なぜそう感じたかを説明できると思うんですが、その瞬間は直感や違和感でしかないんです。

エミン

何となく直感でわかるんだけど説明ができないことというのはよくあることで、それはほぼ過去の経験なんです。人間はパターン認識の機械のようなものなので、同じようなシチュエーションに何度も遭遇していると、その経験が潜在意識の中に蓄積されていくんです。

木原さんの場合も、おそらく過去に何度も似たような局面を経験していて、そのときの結果が頭の中に記録されているのだと思います。これはものすごく長い経験と知識から得るものであって、簡単に言語化できるものではないから、自分でもそれがなぜなのかわからなくてもおかしくない。
基本的に直感がよく当たる人というのは、持って生まれた何かがあるのではなく、長年の経験を持っているものです。これは株でも同じです。私の投資の師匠である複眼経済塾の渡部清二塾長はパッと見ただけでピンとくる銘柄があるのだそうですが、それは30年近く会社四季報を読み続けているからこそ、たくさんの上昇パターンが頭に叩き込まれているんだと思います。

木原　値動きにも、そういうパターンはあるように感じます。相場を見ていると、ものすごく激しい値動きを見せていた株が、突然ひゅっと凪《なぎ》のように値動きが止まる瞬間があるんです。勢いよく上昇している銘柄は、すごい上昇気流に押し上げられているような感覚がありますが、それがふっと消えるような感じです。こういう瞬間に直面すると、数秒後に暴落するような恐怖感に襲われます。
この感覚は、ポーカーで抱く直感とよく似ています。僕の場合、株式投資の経験が浅いので間違っていることも多いと思いますが、短期トレードを長くやっている人たちなら、敏感にいろんなことを感じられるんでしょうね。

エミン　確かにベテランのトレーダーなら、蓄積された経験で相場の流れが変わりそうなときはなんとなく空気でわかるものです。ただそれは、人に説明したり教えたりできるものではありません。億トレーダーがどんどん増えることがないのは、そのノウハウを言語化して人に教えることが難しいからだと思いますよ。

木原　ポーカーでも、言語化できない感覚というのはけっこうあります。そのひとつに、相手のテル（プレー時の癖）をキャッチしたときの感覚があるのですが、説明するのは難しいですね。対戦相手の行動に対して、瞬間的に訪れる強烈な違和感のようなものがあるんです。

エミン　それはきっと、勉強と実践を重ねて、ゲームが終わった後もそのプレーを何度も検証するという作業を繰り返したからこそ得られた感覚ではないでしょうか。
　経験の少ない人が直感に従って勝てたとしても、それは単なる運だと思った方がいい。ビギナーズラックでうまくいくと、根拠のない自信を持つ人がいるけど、ほぼ勘違いです。勝ちたいとか負けたくないという感情を、直感という理由で正当化しているだけ。要は、こうすれば勝つと望んでいるだけなんです。ポーカーの場合は、逆のパターンもあるよね。

木原　ありますねえ。頭では降りないといけないとわかっているのに、コールしたいという自分の気持ちを正当化させる言い訳として直感を使っている人はよく見ます。むしろ、そういう人が大半です。

ただ、十分な経験を持っている人でも、その直感が100％当たるわけではないんです。やっぱりポーカーは確率的・論理的に考えて詰めていくゲームですから、僕は自分の直感もあまり信じないようにしていますね。どう行動するかは、常に確率的な思考で判断しますし、そうするべきだと思っています。

第3章

「確率思考」で市場を制する最強の投資術

投資する理由は最低ふたつ必要

木　原　投資する際は、最低ふたつは買う理由があることを条件としています。理由そのものは特に限定していなくて、割安というのもそのひとつだし、連続増益している、成長期待が高い、シェアが高い、連続増配している、ＭＢＯやＴＯＢの期待がある、アクティビストが入っている、買い集めている人がいそうなど、さまざまです。もちろん、買う理由は多いほどいいので３つ以上ある銘柄もあります。

エミン　なぜ投資するかをはっきりさせておくことは、とても大事ですね。「どうしてこの銘柄を持っていたのかな」とわからなくなってしまう人は、意外と多いんですよ。

木　原　僕の場合、そういうことはまずないですね。ただ、保有しているうちに投資する理由が消えてしまうことがあります。成長性に陰りが見えてきたとか、連続増配がストップするといったことですね。

投資する理由は持ち続ける理由にもなっているので、それがなくなって複数あったはずの投資理由が減った段階で売却を考えます。最低でも、投資する理由がひとつしかなくなったら、その時点で手放すことにしています。

エミン 投資する理由がひとつ残っていても、手放すんですか？

木原 はい。投資する理由は最低ふたつ必要と思っているので、ひとつになったら有無を言わさず撤退です。ゼロになるまで持ち続けることはありません。

いずれにしてもこれが売却するときの基準なので、株価の水準や損益の額はあまり関係ありません。だから、損切りの基準とか目標株価というものは設定したことがないんです。

エミン 買いにも売りにも唯一の正解なんてありませんから、自分が納得できる基準や守りやすいルールを決めてシステマティックに売買するのはとてもいいと思います。

特に木原さんのように買う理由を明確にしていると、おのずと売る理由もはっきりするので、迷うことがありません。この方法だったら、銘柄にほれ込んでしまって合理的な判断ができなくなるということも、なさそうです。

木　原　僕の投資を改めて振り返ると、エミンさんが提唱するストーリー投資とほとんど同じだなと感じます。

エミン　確かにそうですね。僕がストーリー投資の重要性を訴えている理由のひとつに、何のプランも立てずに、行きあたりばったりで投資して、株価だけに反応して売ったり買ったりするようなことをやめてほしいという思いがあります。素人がこれをやると、必ずと言っていいほど失敗しますからね。

本物かどうかを確認できれば、いつ買ってもいい

木原　エミンさんはいい銘柄を見つけたら、買いタイミングはどうやって見極めているんですか。

エミン　基本的には、魅力的な銘柄を見つけたら即、投資します。銘柄が良ければ地合いなんてあまり気にしません。私が考える良い銘柄というのは割安な銘柄だから、100万円するはずのロレックスの時計が50万円で売っているのを発見したようなものです。
　だから、重要なのはそのロレックスが本物であるかどうかを見極めることで、いつ買うかということはそれほど重要じゃないんですよ。むしろ、本物であることが確認できたらすぐ買うぐらいの方が有利です。
　ただ、決算発表が近づいているときだと、それを見てから判断しようということはありますけどね。

木原　僕はすぐ買うこともありますが、1～2週間寝かすことの方が多いかもしれません。買い物でもその場で即決するよりも、一晩おいて本当に必要かどうかを考えてから買う方が衝動買いを減らせるといいますが、それと似た理屈かもしれません。なにしろ株は高い買い物ですから。

エミン

それはそれで、賢いやり方です。家電を買うときだって、各メーカーの製品のスペックを調べて比較して、価格比較サイトとにらめっこしながら、悩みに悩んで決断するという人は多いですよね。

そんな人でもなぜか株の場合は、だれかが上がると言っていたという適当な理由ですぐに買っちゃう人がけっこういるんですから驚きますよ。普通は家電よりも株の方がずっと高いんだから、せめて家電を研究するのと同じぐらいの時間を費やしてほしいと思いますね。

そういう私も、研究する前に100株だけ買っちゃうことが多いんですけどね。

自分のお金を投入しないと気持ちが乗らないので、まずは少しだけ買ってしっかり調べて、期待したような銘柄じゃなかったら売っちゃえばいい、ぐらいの感覚はあるかな。でも買ったらしっかり研究して、買い増しするか手放すかを判断するのでほったらかすことはないですよ。木原さんは銘柄を買うまでの間、何をしているの？

木原　しばらくの間、板や歩み値を観察して、無風だったら少しずつ買うようにしています。少しずつ売っている大株主っぽい存在を見つけたら、すぐには買わずにウォッチを続けます。

　僕が好む時価総額の小さい銘柄で出される売買注文は数百株単位が中心で、100株単位はあまりありません。でも、大株主だとその規模の売りをどんどんぶつけてくるので、こうした売り注文が何日か連続して出ていると、高確率で大株主の売りだと判断できます。割安な銘柄というのは、大株主が売り続けて割安になっている場合も多いので、こういうときは売り終わるのを待つんです。

　出来高が少ない時期も株価が安くなりがちなので、チャンスです。出来高が減っている中で、大株主が売っているような状況だとダブルでおいしい局面です。こういうときは迷わず買いに行きます。

　僕も決算が近い時期であれば、様子見します。決算直後は上にも下にも大きく動くことがあるので、上がったら落ち着くのを待つし、下がったらそこで買いますね。

エミン　中小型株でもファンドがしつこく空売りしてくるところもあるので、板を確認するというのはいい手かもしれないですね。

テクニカル分析は有効か

エミン 木原さんは板や歩み値を重視しているけど、チャートは見ないんですか？

木原 見ないわけではないけれど、重視はしません。僕に言わせれば、チャートを見るというのは手抜きだからです。

そもそも板を見ていれば、株価がどんなふうに動いているかがわかるのはもちろん、売り指値や買い指値にかぶせてくる動きがあればそれに気がつくことができます。一定の価格帯で少しずつ買い集めている人がいれば、そこにも気づけます。

歩み値はその結果としての約定履歴で、リアルタイムで監視できないときでも、歩み値を見ればある程度はわかるようになっています。要するに、板と歩み値を見ていれば、チャートなんて必要ないんです。

たとえば、日足で大きな下ヒゲをつけた日の値動きは、小さな買いが繰り返し入っていれば多様な参加者が押し目買いをしてきたと判断できますが、まとまった買いがドカンと入ってきた場合は特定の投資家が買い集めていると判断できます。

僕の好物である時価総額の小さい銘柄の場合、良い銘柄であればこうやって下値を支える特定の大口投資家がいることも多く、そういう銘柄は下値が相当堅い。歩み値を見ていればそれが判断できるけれど、日足チャートの形は同じなのでチャートだけを見ていてもわからないんです。

要するに、市場が開いている間ずっと板と歩み値を見続けることができない人が、簡易的に見るのがチャートなので、そこから得られる情報は限定的なんです。平日昼間に働いている人は無理でしょうけど、僕の場合は日中は時間がありますし、本格的に株を始めて間もないので、真面目に板と歩み値を監視するべきだと思って取り組んでいます。

エミン ストイックな考え方だね。ポーカーでもこうした努力を重ねて、世界チャンピオンに上り詰めたんでしょうね。

木原　最初からショートカットする人は、本気で取り組んだ人には勝てません。つまり、板と歩み値の監視を続けるプロセスを完全にスルーしてチャート分析しかやらない人が、板と歩み値を見ている人に勝つのは無理なんですよ。

このプロセスがないと、ポーカーで言うところの特定のフロップで30％レンジベットする簡易戦略がなぜいいのかを実感として理解できないでしょうし、局面ごとの対処法もわからないように思います。

手抜きが悪いと思っているわけではありませんが、板や歩み値を見ることで他の市場参加者の意図や有利な買い時がわかることがあるし、圧倒的に優位に立てるんですよ。個別株投資もポーカーも本気で勝ちに行こうと思うなら、面倒なプロセスでも手を抜くべきではないというのが僕の考えです。

エミン　でもね、チャートはチャートで、楽しいんですよ。私もよくチャートにいろんな線を引いたりして遊んでいます。

木原　まったくわからないですね、その感覚は。線を引くのがそんなに楽しいんですか。

エミン　楽しいんです。だけどこれは遊びみたいなもので、チャート分析だけで投資判断をすることはありません。チャートはあくまでも過去の値動きを示す記録でしかないし、そこから予測できる将来の値動きがその通りになるとは限らない。特に流動性の低い銘柄だと、ひとりの投資家の気分次第で変わるから、まったくあてになりません。

　テクニカル分析はあくまでも補助的なツールであって、それをメインにすべきではないし、チャートから入るようなこともすべきではないと思う。まずはファンダメンタルズを理解して、プラスアルファでチャートを確認するような使い方がいいと思います。８割ファンダメンタルズ、２割チャートぐらいのイメージですね。

負けとわかっていても、降りられないトラップ

木原　ポーカーは勝てる見込みの薄いときは降りるという選択が不可欠ですが、この「降り

る」という行為は投資の方がより頑張らなければいけないと思います。ポーカーの場合は、勝ったときの利益を最大化することを最優先して、テーブルに置いたチップは全部なくなってもいいという前提でプレーするけど、株の場合はそうじゃない。
ゼロにするわけにはいかないので、ポーカー以上に厳しいリスク管理が求められると思います。

エミン その通りです。ストーリー投資では、その銘柄の成長ストーリーに変わりがないのであれば、相場環境の影響で含み損になったとしても損切りする必要は基本的にありません。ただ、信用取引を使ってレバレッジをかけているとか、短期投資であれば話は別で、厳格な損切りルールが必要です。

木原 僕はベットした挙句に降りるということにはポーカーで慣れているので、損切りそのものが苦しいとは思いませんが、多くの人はそれができずに苦しみますね。

エミン 株式投資家が陥りやすい心理的トラップのひとつに、サンクコスト（埋没費用）トラップがあります。すでにかけてしまったコストの額に固執してしまうことで、合理的な意思決定ができなくなる心理効果です。企業活動でも生じやすく、多額の投資をした事業ほどそれまでに費やした労力やお金、時間が惜しくなってしまい、あきらめがつかずに撤退の判断ができなくなります。

大切なお金を投資したのに損失を出してしまって、当面は上昇する見込みがないというのは、心理的につらいものです。せっかく見つけた投資アイデアが否定されると、まるで自分自身が否定されているかのような感覚になるため、人は間違いを認めず、過去の判断にしがみつくという間違いを起こしやすいのです。こうしたケースでは、待てば待つほどサンクコストが拡大し、傷を深めてしまいます。

木原　これはまさに、ポーカーでよくみかける行動ですね。すでに手持ちのハンドにたくさんのチップを賭けてしまった人は、負けているとわかっていても、今さら降りられないという気持ちになって、フォールドできずに傷を広げてしまいます。

エミン　お金をお金だと思ったらダメなんですよね。たとえば10万円の含み損が出たときに、この10万円があれば旅行に行けたのに、とか、家賃を払えたのにというようなことを考えてはいけません。ますます悔しさという感情に支配されてしまって、正しい判断ができなくなってしまう。

木原　わかります。ゲームのポイントか何かだと思った方がいいですね。僕も持ち株の評価額が1日で普通の人の年収分ぐらい減ることは日常茶飯事ですけど、それでいちいちダメージを受けていては続けられませんよ。

エミン　それはポーカープレーヤーの強みだね。ポーカーはメンタルのいい訓練になるからこそ、私も個人投資家さんにポーカーを勧めていますよ。

とはいえかくいう私も、お金をお金と思わなくなるまでには結構な時間がかかりました。やっぱり人間は感情的な生き物だからね。今でもFXや先物だと、1日で年収ぐらい負けるときもあります。でも、トレードをしていれば勝つ日もあれば負ける日もあるのは当然で、それ以上でもそれ以下でもないんです。

木原　エミンさんの年収だと、さすがにダメージ受けそうだなあ（笑）。まあ、感情のコントロールに自信がないなら、毎日株価をチェックしたりしないで放っておけばいいんですよね。開示だけチェックしながら、ゆっくり配当や優待だけもらっておけばいい。

〝残りのチップで最後の大勝負〟は悪手だ

エミン　投資家が陥りやすい心理トラップは、まだまだたくさんあります。ポーカーと共通するのは、うまくいっているポジションに対してはむしろリスクを減らそうとして、うまくいっていないポジションに対してはリスクを取りにいってしまうという認知バイアスがあります。

具体的にいうと、利益が乗っている持ち株は本来なら買い増してもいいぐらいなのに、早く売って利益を確定し、リスクを減らそうとする。逆に損失が出ている銘柄であれば、これ以上損失が拡大しないよう早く損切りをした方が有利なのに、それを放置するか、ナンピン（投資した株が値下がりした場合などに、あえて同じ銘柄の株を買い増すこと）というよりリスクの高い行動に出てしまうんです。

ときには借金をしてでも投資資金を増やして損失を取り戻しに行きます。このメンタリティで動いて、すべてを失って相場から退場してしまった投資家を私はたくさん見てきました。

これは疑似確実性効果トラップといって、人は結果が予想通りだとリスクを避けようとしますが、結果が予想と外れたときにリスクを取りに行く傾向があるということです。一般的な投資家は、含み益が出るとより保守的になってリスクを減らそうとするのに対し、逆に失敗したときには必死になって取り戻そうとするあまり、さらなるリスクを取って勝負に出ようとするのです。

これは恐怖心からくるもので、今ある利益を失いたくないという恐怖と、損失を確定するのが怖いという心理が判断を狂わせてしまうんです。木原さんもポーカーテーブルでそういうプレーヤーをたくさん見るんじゃないですか？

木原　いますね。大勝ちしている人は勝ち逃げしようと必要以上にタイト（絞ったハンドのみでゲームに参加するプレースタイル）で保守的なプレーになりやすいのに対し、負けていると自暴自棄になって、残りのチップすべてを一か八かの賭けにさらしてしまう。本来なら負けているときこそ、慎重なプレーをするべきなんですが。

エミン　最後の大勝負などと言って、運にすべてを賭けちゃって、一瞬でゼロにしちゃうんだよね。

木原　参加者が1000人規模のポーカートーナメントの優勝者であっても、手持ちチップが激減するような窮地《きゅうち》は必ず訪れます。そんな状況でも淡々と期待値が高くなるようにプレーしないといけないんですが、多くの人がすぐにでもチップを取り戻そうと無理なプレーをしてしまうんですよね。

逆パターンとして、勝っていると気が大きくなってルース（多くのハンドでゲームに参加するプレースタイル）になる人もいますが、そこで負けたときにタイトに戻せるのであればそれ自体は悪くないプレーなんです。

エミン　いずれにしても、含み損を抱えるというのは苦しいことです。たとえ成長ストーリーが生きていても、その銘柄の魅力が失われていなくても、たまたま相場環境が悪くて大きな損失を出すこともあります。

木原さんのように、買いも売りも一貫したストーリーに基づいた判断ができるのが理想ではありますが、何％の損失が出たら機械的にいったん切るというルールを決めておくのも、ひとつの方法です。

含み損を見るのは気持ちのいいものではないので、僕の場合は一度損切りをして、成長ストーリーに変化はないと判断できれば同じ株価で買い直すということはよくやっています。口座から含み損が消えてスッキリするし、その年に出した利益と相殺できるので税額を減らす効果もあるんです。損切りはなるべく早く、利食いはなるべく先延ばしにすることが、資産を増やすポイントです。

10倍株を狙う意味はあるのか

木原　株式投資の界隈ではテンバガーというキーワードが流行っていますが、僕は10倍株なんて、到底狙える気がしません。どんな銘柄に対しても、徹底的に調べ尽くして投資をしている人たちがいるわけで、それでも１００％勝つことはできないのに、自分の持ち株が都合よく10倍になるなんてちょっと考えられないんです。もちろん、自分の持ち株が10倍になる可能性がないとは思わないけれど。どの銘柄にだって可能性はあるわけですから。

エミン　でも木原さんは、２～３倍にはなることを確信して投資しているんでしょう？　そういう銘柄の中から、テンバガーは生まれるんです。

要は10倍を狙って10銘柄に投資して、そのうち１銘柄でも10倍になれば、たとえ残りの９銘柄の株価が動かなくても資産のパフォーマンスは90％になるわけ。

テンバガーというと難しく聞こえるかもしれないけれど、新興株には定期的に大相場が来るから、そういう局面で下手なことさえしなければ、持ち株が全部２倍３倍になることもありますし、含み益を利確しないで我慢すれば10倍株になるのです。新興株は上がらないときはさっぱりだけど、何年かに一度、大きく吹き上がりますから。

木原　確かに、それはありますね。そういうチャンスが来るまでは、下がりにくい割安優良銘柄を買って放っておけばいいんでしょうね。僕ら個人投資家は毎年利益のノルマがあるわけではないので、何年かかけてそれなりの利益が出ればいい。ポーカーだって、いいハンドが来るまでは延々と我慢を続けないといけませんから。

エミン　実際のところ、10倍株を見つけるのは木原さんが思うほど難しくはないですよ。本当に難しいのは、それを10倍になるまで握り続けることです。私に言わせると、プロの投資家とアマチュアの何が違うかというと、勝ったときの利益の取り方です。

プロとアマチュアの結果を大きく分けるのは、勝ったときにどれだけ取れるかというインパクトなんです。個人投資家は、上がっている銘柄を握り続けることができない人がとても多い。

木原　ポーカーでも、ときには大きくリスクを取って大きいポットを取りに行く必要があります。小さな勝ちを積み重ねるというスタイルもあるけれど、本当にそれだけだと相手に大きなプレッシャーをかけられると簡単にやられてしまいます。

エミン その通り。株で言う大きいポットが、テンバガーなんです。ある程度のお金を稼ぎたいんだったら、大きいトレンドに乗らなきゃいけない。

勝てない投資家は利益確定が早すぎて、大きいポットを取れないんですよ。せっかくいいトレンドをつかまえていい投資ができたのに、利益が大きく育つまで持ち続けることができないんです。

木原 微益で手放してしまった後に、株価が大きく伸びるというのは僕も経験したことがあります。その悔しさたるや、半端じゃないですね。

エミン テンバガーを達成するというのは、そこに到達するまでの精神的なコストを払う必要があって、多くの人はそれを払いきれずに脱落するんです。

10倍になるような銘柄の株価はボラティリティが大きいので、10倍になるまでの間に株価が半分になって、売ればよかったと思うこともあります。多くの人は、下げている間我慢していたとしても、買値まで戻ったところでやれやれと売っちゃうんですよ。ビットコインだって10年前に買っていた人は、持ち続けていれば今ごろは富豪だろうけど、それができている人はわずかだと思いますよ。

木原　確かに、100万円投資して200万円になった時点で売りたくなってしまうということは普通にありますね。それを1000万円まで握り続けるというのは至難の業かもしれない。株価を見てなかったら可能かもしれませんが。

エミン　だからこそ、なぜ投資をしたのかというロジックが必要です。自分が立てたストーリーを信じてずっと握れるかどうかが勝負なんです。5倍になる、10倍になると見込んで投資したなら、そのロジックが崩れていない限りは持ち続けていいんですよ。

ただ、プロのギャンブラーや木原さんみたいなポーカープレーヤーにとっては、そんなに難しくないんじゃないかな。たとえば、最初に勝ってチップが倍になったら、賭けた分のチップをテーブルからおろしてしまう感覚です。テーブルに残っているのはタダで獲得したチップだけという状態にすれば、その後はいくらでもリスクを取れるんじゃない？

木原　いわゆる「恩株（元本を回収済みの保有株のこと、2倍に値上がりした株を半分売れば恩株になる）」みたいな考え方ですね。実は僕はそれがまったく理解できないんです。恩株だろうと、その株をいくら保有しているという点は一切変わらない。そういう意識を常にフラットに見ることができるのは自分の強みだと思いますし。
また、保有銘柄については、ポートフォリオ全体の何％までというのをだいたい決めているので、ひとつの銘柄があまりに大きく値上がりして割合が大きくなり過ぎてしまうと、リバランス的に売却してしまいます。そもそも値上がりしたら「割安」という買った理由が消えますし。基本的にはテンバガーを達成できるタイプではないと自分でも思います。

投資スタイルを決めたら、一貫した行動を取ろう

エミン　なるほど、木原さんはそういうタイプなんですね。テンバガーは達成できなくても、

それはそれでひとつの投資スタイルだと思います。

僕はいつも、投資家は自分のスタイルを確立させた方が良いと言っています。デイトレード、スイングトレード、長期投資、積立投資、バリュー株投資、成長株投資、配当狙いなど、様々な投資スタイルがあるので、まずは自分がどんな投資に向いているか、どんな投資をしたいかを決めて、自分のスタイルを確立する必要があります。そうでないと、相場変動に対応できなくなるし、危機管理能力を持てないんです。

たとえば、株式市場が活況になっているのに自分の保有株には恩恵がないというときでも、自分のスタイルを持っているバリュー株投資家なら焦ることなく静観できます。グロース株投資家であれば、利が乗っているところで「金利上昇が始まったので、持ち株をいったん売却して様子見をした方が良い」といった判断もできるでしょう。同じ状況にあっても、投資のスタイルによって、取るべき行動は異なるのです。

よくある間違いは、デイトレードやスイングトレードで購入した銘柄が含み損になった途端、「自分は長期投資家だ」と言い訳をして損失を放置してしまうことです。これは、損失を受け入れたくないという心理からくるもので、決して長期投資家としての戦略に基づいた行動ではありません。短期で勝負をするなら、速やかな損切りができないと生き残れません。自分の投資スタイルを決めたら、一貫した行動をとることが重要なのです。

木原 おっしゃる通り、99%の人は自分のスタイルをしっかり持って行動すべきだと思います。ただ、株でもポーカーでも、上位1%にいようとするなら、スタイルを確立してしまうとそれ以上の成長ができなくなる気がしています。

エミン 木原さんはミックスゲームといって、いろんなタイプのポーカーが得意ですからね。世界のトップレベルに到達した人なら、臨機応変に戦い方を変える必要があることは理解できます。

木原 カメレオンみたいにいろんなスタイルを使いこなせるようになりたいと思っているので、相手によってプレースタイルも変えています。だから僕のことを手堅いプレーをするタイプだと思っている人もいれば、そうじゃないと考える人もいるだろうと思います。

これはいわゆる「守破離」の考え方に近く、まずは基本を忠実に守り実行できていることが前提だと思います。ポーカーのハンドレンジ（ゲームに参加するかしないかを判断するハンドの範囲）に例えるのが、一番しっくりきますね。やっぱり99％の人は、まずはハンドレンジを覚えてきっちり守ることが、最も簡単に勝ちに近づける方法だと思います。

トップクラスを目指すならそれだけではだめだけど、投資の場合はトップクラスを目指さなくても利益を上げることができますから。

新NISAの効果を最大化する方法

エミン　難しいことを考えるとキリがありませんが、投資はシンプルにとらえていいと思うんです。たとえば、5年後に売上が5倍になると思える企業があれば、株価も5倍になると考えていいんですよ。その企業のシェアや市場の成長性を考えれば、個人投資家にだってある程度の成長ストーリーは描けるはずです。

そのストーリーにもとづいて投資をして、あとはそのストーリーが生きているかだけを定期的に確認して、余計なことはしないでとことん付き合えばいい。
しかも今は新NISAという素晴らしい制度がある。まさにストーリー投資にぴったりのしくみですよ。

木原 僕もそう思います。でも、NISAでは長期保有できる銘柄に投資しようなどといって、高配当銘柄や株価のボラティリティが少ない大型株を買いたがる人が多くないですか？
それってちょっと残念な使い方だなあと思うんです。せっかく利益が非課税になるんだから、株価成長を取りに行く方が圧倒的にオトクですよ。NISA枠をいっぱいにできる資金がない人は別ですが、はみ出すぐらいの投資ができる人なら大型株や高配当株はNISAの外の特定口座でいい。

エミン NISAは何がいいかというと、非課税にできる利益の額に上限がないことです。
個別株に投資できる額は1200万円までという制限がありますが、それが2倍に

新しいNISAの概要（2024年1月から適用）

	つみたて投資枠	成長投資枠
両制度の併用	可	
年間投資枠	120万円	240万円
非課税保有期間	無期限	
非課税保有限度額（総枠）	1,800万円	
		1,200万円（内数）
口座開設期間	恒久化	
投資対象商品	金融庁の基準を満たした投資信託に限定	上場株式・投資信託等（一部の商品を除く）

「NISAを知る」（金融庁ホームページ）より作成

なろうが１００倍になろうが、利益には課税されないんです。１２００万円を10倍にできれば、１億円以上の利益が出る。本来ならそこに課せられる２０００万円の税がゼロになるんですから、数%の配当を非課税にするよりもずっと有利だよね。

木原　ＮＩＳＡに大型株や高配当銘柄を入れたがる人は、ＮＩＳＡ口座では損益通算できないことを嫌って、大きな損失を出しにくい銘柄を優先したがるんです。損を出したときに、他の銘柄で出た利益と相殺できなくなるぐらい、たいしたことじゃないと思いますけどね。１億円の利益を上げて２０００万円の税を払わなくて済むメリットを思えば、僕はそんなの全然気にならないです。

エミンさんは10倍株を探すより、10倍まで握り続ける方がはるかに難しいと指摘しましたけど、この非課税のしくみが握り続ける力をくれるんじゃないでしょうか。

あまり早く売っても非課税枠は翌年にならないと再利用できないし、新ＮＩＳＡは非課税枠を何度でも使えるのが売りではありますが、個別株を買える成長投資枠は年間２４０万円までしか投資できないので、初年度の非課税枠を再度使えるのは実際には５年後ということになってしまいます。満足できる株価になるまでは売る気がしない良いしくみになっていますね。

エミン　たぶんそれが金融庁の狙いなんじゃないかな。かれらは国民に短期投資を繰り返すギャンブラーになってほしいのではなく、長期投資で資産を大きく増やして豊かになってほしいんですよ。よくできたしくみです。

インデックス投資と個別株、どちらが優位か？

エミン 新NISAでは、インデックスファンドを毎月買い付ける積立投資も人気ですね。世界中の株式市場に投資できるオルカン（MSCIオール・カントリー・ワールド・インデックス）やS&P500指数に連動する投資信託への積立投資が、構造的な円安要因になるほど存在感を増しています。

木原 それはそれで大事ですよね。だれもが個別株を研究して投資できるわけではないので、一般的な人たちの投資の最適解のひとつだと思います。ポーカーは分散できないけど、株は分散投資ができますから。

エミン 日本株はオワコンだとか言って、投資のすべてをオルカンやS&P500に全振りする人もいるけど、それもちょっと極端なんだよね。

私だったら、外国株インデックスと日本株インデックスを半々で買うかな。あるいは、アメリカ株を少し減らしてインド株やベトナム株を入れてもいい。

木原　すべての投資で為替リスクを負うのは、リスクを取り過ぎだと僕も思います。全部である必要はありませんが、日本にいるなら円建てのリスク資産にも投資をした方がいい。

エミン　多くの人は円安が進むことで円建て資産が目減りするのを不安視しているけど、円安で目減りするのは円建て資産じゃなくて円だけです。たとえ1ドルが500円や1000円になったとしても、それ以上に日本の株価は上がります。

S&P500やオルカンが魅力的だから全振りしたいと言う人を止めるつもりはありませんが、日本円の価値が目減りするという理由でS&P500やオルカンを選んでいるなら、その必要はないんです。日経平均株価やTOPIXだって、十分魅力的な投資対象です。

第4章

不確実な世界で勝ち続ける投資家の心構え

投資のリスクとはどう向き合うべきか

木原　実は今、ある銘柄に過去最高額を投じて勝負に出ています。もちろん、この銘柄は伸びるという確信があるからですが、僕は基本的に分散投資をすることでリスクを管理しているので、ひとつの銘柄に投資する金額が大きくなるとちょっと怖いなと感じてもいます。

エミン　資金が少ない間はそんなに意識する必要はありませんが、運用資産が大きくなるほど、分散は重要になりますからね。
私は個人投資家に対しては、運用資産が1000万円あれば10銘柄100万円ずつ、500万円以下なら5～7銘柄が上限だとアドバイスしています。100万円ぐらいなら3～5銘柄ぐらいがマックスでしょうね。資金が少ないのに分散しすぎると効率が悪くなってしまうから、上限を決めた方がいいと思います。

木原　僕も当初は３００万円で投資をスタートしましたが、投資資金が大きくなってくると、よりリスクに敏感になり、分散を意識するようになりました。

たとえば手元に１００万円あって、それを全部溶かしてしまったとしても、１００万円だったら頑張ればもういちど貯めて仕切り直すこともできます。ですが、１億円を全部溶かしてしまったらさすがに再起できませんから。

エミン　資金が大きくなってきたからこそできる勝負もあるし、リスクを取れるという考え方もあるよね。そして、年齢や人生のステージによっても、リスクの許容度は変わります。20代や30代の人なら失敗したって何とかなるけど、定年間際の人はそうもいきません。

木原　若いからといって、必ずしもリスクを取れるわけではないんですよ。僕は子育て中なので、これから子どもたちにかかる費用を考えると、大きなリスクは取れません。

むしろ子どもたちが独立してお金がかからなくなる60代以降の方が、リスク許容度が上がるような気がします。あの世にお金を持っていけるわけじゃありませんからね。

エミン　ポーカー・プレーヤーはリスク選好型のイメージがあるけれど、投資のリスクにはずいぶん保守的なんですねえ。

木　原　僕に言わせれば、株の方がよほどリスクは高いですよ。むしろポーカーで勝負することに対しては、ほとんどリスクは感じません。というのは、レートを上げると対戦相手のレベルが跳ね上がってしまうため、堅実に勝てるレートというのは自分の資産に対して大きくできないのです。1日単位で見れば数百万円負けることは普通にありますけど、1か月ぐらい見ておけばほぼマイナスになることはありませんから。

ポーカーはプロとして食えるレベルまで到達した後は、ローリスクローリターンといえるかもしれません。

エミン　私はかつて野村證券のサラリーマンでした。当時は労働環境が厳しくて体調を崩す人もいたけれど、それでも安定していたなと思います。やっぱり大きく稼ぎたいなら退職して起業するなり独立するなり、ダウンサイドのリスクを取らなきゃいけないわけで、それは仕事も株もポーカーも同じなんだよね。

株もポーカーも、ミスを恐れず攻めていい

木原　先ほどもお話ししましたが、僕はポーカーに限らず、ゲーム全般が好きなんです。囲碁、将棋、麻雀やバックギャモンも全部好きで、その中で一番食えるゲームがポーカーだからそれを本業にしました。

株式投資も僕の中では同じようなゲームであり、銘柄を発見して、調べて、分析して、投資して、結果を出すまでのプロセスがたまらなくおもしろいんです。しかも他のゲームと違って、日本や世界のトップレベルに到達しなくてもそこそこ稼げる。努力しただけ結果につながるので、頑張りがいがあります。

エミン　木原さんとは違って、私は将棋やバックギャモン、チェスなどはあまり好きじゃないんですよ。なぜなら、それらのゲームは盤上のすべてが見えるからです。一方、ポーカーは相手の手が見えず、場にあるカードも何が出てくるかわからないところが面白い。

これは経済や株とよく似ていて、まさに不確実性に満ちたゲームだし、そういうところが難しくもあり、魅力でもあります。見えている情報と見えていない情報があると、様々なシナリオや可能性を考慮して多次元的な思考を必要とするので、非常に奥が深いのです。

木　原　将棋のようなすべての情報が見えているゲームは、先を読むゲームなんです。常に一歩先を見ていなければならない読み合いの勝負です。

これに対し、見えていない情報が多くあるポーカーや麻雀、株式投資は、読むことが大事ではあるけれど、読んでも仕方がないところも併せ持っています。読む力だけでなく、有利だと思えるところに踏み込んでいく勇気や大胆さ、リスク管理のバランスが求められるんですよね。

僕の場合は、どちらのタイプのゲームも好きなんですが、向いていると思えるのは後者です。見えない情報がある中で相手が何を考えているかを読むのも含めて、えいやっと飛び込んでいく方が得意なんです。

エミン だから、ポーカーで世界チャンピオンになれたわけだね。

木原 将棋や囲碁のような読み合いのゲームだと、読みをはずすとそれが致命傷になります。平均点が80点のテストみたいなもので、良い成績を取ろうと思ったらミスが許されない。僕は読み逃しをしやすいタイプなのに、自分の読みを信じて突っ込んでしまうから致命傷を負ってしまう。だから将棋や囲碁には向いてないんです。

でもポーカーのような不完全ゲームは平均点が30点のテストみたいなもので、少しくらい読みをはずしても致命傷にはなりません。ミスを恐れずに攻めていけるタイプの方が勝ちやすいんです。

エミン 確かにそういわれると、株も同じようなものですね。たとえ百戦錬磨のプロであっても投資を100％成功させる人なんていないから、ミスすることを前提として戦略を立てますからね。

木原　エミンさんはどうして、金融の道に入られたんですか？

エミン　私はもともと理系で、大学と大学院では生命工学を専攻していました。でも、動物が好きすぎて、日々繰り返される動物実験に耐えられなかった。実験ができないのにこの世界にはいられないと思って、たどり着いたのが金融なんです。

相場は人の心理を強く反映しながら毎日刻々と動いている、まるで生き物みたいだと思いませんか。

木原　エミンさんがネコ好きなのは有名ですが、その動物愛が金融の道に導いたんですね。

エミン　お金は血液のようなものです。お金が集まって循環する国は繁栄するけれど、1か所に滞れば腐敗します。これは組織や人間も同じですよね。

金融は、お金を様々な場所に届け、循環させる役割を担っています。国全体をひとつの体と考えると、お金を適切に循環させることが国の健康を保つために不可欠であり、それを担うのが金融です。

たとえば、日本国民が貯蓄しているお金を市場で循環させることで、企業は資金調達や成長資金を得て、経済が発展します。この意味で、金融は生物、あるいは生き物に近い側面がある。

しかも、相場や経済はサイエンスであると同時に、ミステリーや神秘的な要素も持ち合わせています。相場には様々な思惑があり、株式市場には迷信のようなものがいくつも存在します。証券会社や相場に関わる人たちが、正月には初詣を欠かさないのも、その表れです。

相場は、人間の理性に訴えかける部分と、論理的には説明できない行動心理学や感情、スピリチュアルな側面が共存している。こういうところがすごく興味深いんですよ。

中小型株は数年に一度の大チャンスを狙う

エミン　木原さんのような中小型株への投資は、時間を味方につけられる個人投資家にとっては妙味が大きい。というのは、日本の中小型株には3〜4年に一度ぐらい、あるいは5〜6年に一度のときもありますが、大相場が来るからです。こうしたチャンスを待ってうまく乗ることができれば、結構簡単に利益を出せるんですよ。

最近だと2020年から21年にかけてマザース市場（現・グロース市場）が大きく値上がりした時期がありました。低迷している相場で頻繁にトレードするより、こうしたチャンスをとらえる方法が一番簡単で効率がいいかもしれません。

木　原　なるほど。

エミン　テンバガーとはいかなくても、2〜3倍になる銘柄がゴロゴロ出てくるんです。

もちろん何でも上がるわけじゃないけれど、しっかり業績を伸ばしている銘柄はだいたい買われるので、見極めはそんなに難しくない。
値動きがない時期に、増収増益を続けている割安な銘柄を探して投資しておいて、あとは寝ていればいいんですよ。個人にとっては最も手掛けやすい手法のひとつだと思います。

木原 僕、2年前ぐらいにTOWA（6315）という銘柄を保有していました。当時はすごく割安でいい銘柄だと思ったんですが、次第に株を理解するにつれて、上がる理由が見えない半導体銘柄は魅力的に感じなくなってしまって手放してしまいました。
すると23年後半から突然吹き上がって、株価が7倍ぐらいになったんです。わからない分野の銘柄だから売ったことに後悔はないし、保有してても途中で絶対に売っているのでしょうがないのですが、吹き上がるタイミングというのはあるんですね。

エミン 別にテンバガーを取れなくても、4年に1回持ち株が2倍になれば、年率20％で回しているのと同じことになります。株価が動かない時期は長くて退屈だし、回転させて儲けている投資家を見ると置いていかれているような気分になっちゃうものだけど、別に私たちは投資にスリルを求めているわけではありませんからね。

カリスマトレーダーのマネをするより、こちらの投資の方がよっぽど再現性がありますよ。

木　原　結局一番儲かるのは、つまらない投資なんでしょうね。多くの人がおもしろくてスリリングな投資に資金を入れるから、つまらない投資は常に少数派なんです。でも株式投資は少数派にいないと勝てませんから、それでいい。地味で、割安で、出来高も小さくて、増収増益ができている銘柄を持っていれば、必ずではないにしろ、多くの場合報われるんですよね。

エミン　何かひとつでもネタがあると吹き上がるきっかけになるから、なんらかのネタがある銘柄が理想的ですね。たとえば、コロナ禍で吹き上がった銘柄を一通りチェックするだけでも、そういう銘柄が見つかるんじゃないかな。新型コロナに限らず、新しい感染症は定期的に出ていますからね。

2002～03年にSARS、09年に新型インフルエンザ、12年にMERS、そして20年に新型コロナと、過去22年に4回発生しています。たとえば、アゼアス（3161）という防護服の会社は、まさにこういうタイミングで株価が吹き上がっています。グローバル化した世界で感染症を完全に予防するのは難しく、今後も新しい感染症は出てくるでしょうし、そういうぐるぐる回っているようなテーマを探すのもひとつの手だと思います。

エヌビディアの成長性を説明できるか

エミン 僕は日本株投資がメインではあるけど、米国株にも投資します。木原さんの投資は日本株だけなの？

木原 僕は日本株オンリーです。やっぱり日本にいて、日本語で情報が手に入る分、安心して投資ができますから。米国株だと情報が全部英語のうえ、本拠地もマーケットもほぼアメリカですから、日本にいると情報戦で負けてしまうのが嫌なんです。

別に英語に不自由しているわけではないのですが、語学力の問題じゃない。肌感覚が何もわからない遠い場所でビジネスをしている銘柄を、わざわざ選びたいとは思わないです。サービスや製品が劣化してくるときも日本株の方が早く気が付けますから、逃げるときも有利です。

エミン

私の投資哲学はシンプルなので、アメリカの会社であろうが日本の会社であろうが、好きな企業に投資をしています。

たとえば、今も履いているんだけど、スニーカーのスケッチャーズＵＳＡ（ＳＫＸ）。履き心地が最高で歩きやすくて、デザインもいいので、僕の靴は昔からほとんどスケッチャーズなんですよ。

木原さんの言う通り、日本株の方が多くの情報を得やすいし、株主総会にも行ける分有利だとは思いますが、いいと思える企業があれば海外の株でも投資します。

自分の身近にあって知っていて好きな企業や応援したい企業に投資するのが一番いい投資だから。

木原　シンプルな投資の一番大事なところですね。僕は20年ぐらい前からずっと普段着はユニクロ派で、今でもクローゼットの半分ぐらいはユニクロなんですけど、当時はユニクロを展開するファーストリテイリング（９９８３）に投資するという発想がなかったなあ。20年前に買っていたら、今頃すごい利益になっていたのに。

エミン　米国株は日本株より銘柄数が多くて奥が深いのですが、日本から投資している人はほとんどがＧＡＦＡＭ（Google・Amazon.com・Facebook〈現・Meta Platforms〉・Apple・Microsoft）とか、マグニフィセントセブン（ＧＡＦＡＭにテスラとエヌビディアを加えた7社）しか買ってないんじゃないかな。

特に最近はエヌビディアが大人気だけど、上がっているからという理由で投資している人が大半で、エヌビディアがＡＩ市場でどんな役割を果たしていて、どんなリスクがあるのかまで説明できる人はあまり多くない気がします。割安とはいえない銘柄に投資するなら、もっと研究した方がいいと思いますけどね。

イナゴはどんな相場でも佃煮にされるだけ

木原　僕は仕手株やいわゆるイナゴ銘柄は、基本的に触らないようにしています。うまく波に乗れば莫大な利益が出るのでしょうけど、それこそトッププロが居並ぶ高レートのポーカーテーブルに座るようなものです。ビギナーズラックに恵まれて瞬間的に勝つことはあるかもしれませんが、トータルではボコボコにやられるに決まっていますからね。

エミン　英語で、Bulls Make Money, Bears Make Money, Pigs Get Slaughteredという格言があります。「ブル（雄牛、強気相場）相場でもベア（熊、弱気相場）でも儲けられるけれど、豚（過剰な欲を出す投資家）は殺される」という意味ですが、それを日本風にアレンジして、「ブル相場でもベア相場でも儲けられるけど、イナゴは上でも下でも佃煮にされるだけ」という格言を作ってみました。

ちゃんと自分の頭で考えて、自分が許容できるリスクを考えて投資しないと、お金がなくなるだけです。

木原　うまい格言をつくりましたね。僕の知人にデイトレの名手がいるんですが、その人が言うには仕手化する銘柄の条件のひとつが、中身がない会社であることなのだそうです。仕手化するということは、株価が異常に高騰する必要がありますが、ビジネスが成長しているまともな会社だったらまっとうな株主がすでにいるので、株価が割高になれば売ってくる。だから異常に高い株価がつかないんだそうです。

中身がない会社に、中身と呼べるのかどうかよくわからない材料が出たときが、一番仕手化しやすいということです。

エミン　なるほどね。成長している良い企業には、正しい投資判断ができるまともな投資家がいるから、仕手化しないということだね。

木原　逆にいえば、中身がない銘柄に飛びつく時点で、カモ確定なんですよね。売上が20億円しかない企業の時価総額が５００億円になるというのは、普通に考えておかしいですから。

エミン 暗号資産が上昇しているのも、似たような理由だと思いますよ。

災害リスクにどう対応すべきか

木原 日本は災害大国です。株式投資では、投資金額を抑えたり、分散投資をしたりすることである程度リスクを抑えることはできますが、災害リスクに対してはあまり打つ手がないことに不安を感じます。
　リーマンショックのような金融危機ならある程度予兆はありますが、災害にはそれがないことも怖いです。特に首都直下型地震が東日本大震災級の規模で起こるようなことがあれば、被害の程度や株価への影響は想像もつかないレベルになるでしょう。回避のしようがない、凄まじいリスクだと思います。

エミン それはその通りですね。実は私も東日本大震災で、大きくやられてしまった経験があります。

当時の私は、地震と津波の被害しか想定できていませんでした。被害の甚大さには胸が痛みましたが、株式投資の観点ではチャンスだと感じられました。そこで、金曜午後の震災直後から、建設などプラスの影響を期待できる銘柄を絞り込んで、週明けに大量にポジションをつくったんです。その後で判明したのが、原発事故の深刻さです。

被害が明らかになるにつれて、そのときに投資した保有株は大きく下落しました。今振り返れば、私も日本の技術に対する過信があって、そこまでの事態はまったく想定できていませんでした。

当時はこの未曽有のリスクに対して先を見通すことは難しいと判断して、損切りしたんです。

結果的には、損切りせずに半年ほど持っておけば助かったどころか大きな利益になったのですが、それは結果論で、今でもあの損切りは正しかったと思っています。

マイナス影響がどこまで広がるかが見えない前例のない危機の場合は、安易にポジションを作るべきではなく、むしろ現金化するぐらいの対応は必要だと痛感しました。

第5章

「確率思考」と「会社四季報」から導き出した注目銘柄

ポーカーの大会で景気がわかる？

木原　先週までWSOPに参加するために2か月ほどラスベガスに滞在していました。
毎年思うことなのですが、カジノの雰囲気やプレーヤーのふるまいなどから、なんとなく景気の変化を感じ取れる気がします。

エミン　それは面白い。具体的にどんなことを感じましたか？

木原　今大会から、入賞者の賞金の最低額が、参加料の1・5倍から2倍に引き上げられました。賞金の総額は増えないので上位者の賞金が引き下げられて、下位入賞者の賞金が増えたわけです。
アマチュアや一般の参加者にとっては、入賞ラインに滑り込めたときの賞金が大きく増え、次の同様なイベントにまた参加しやすくなるので、出場者の数も増えるのでは考えられていました。

ところが、ふたを開けてみると出場者の人数はほとんど変わらなかったどころか、一部の高額イベントでは前年より減っているものも多かったのです。そこでちょっとおかしいな、と思いました。

さらに、キャッシュゲームは最低参加人数に達しないと開催ができないのですが、レートが高いテーブルの稼働率がとても下がっていました。レートが高いキャッシュゲームは、弱い人が座っていないとすぐにテーブルが消えるのです。仮に立ったとしても、割と早くテーブルが終了してしまう。ポーカーＡＩ等の普及も一因かもしれませんが、それにしても雰囲気が変わったと感じました。

エミン　確かに、上位者の高額賞金なんて多くの人には関係ないし、手が届きそうな入賞金額が増えるとなれば、もっと多くの人が参加してみようと思うはずなのに、おかしいですね。もしかして、景気が減速しているのかな？

木原　そうなんです。これは単なるポーカーの世界だけの話とは片づけられない、アメリカ社会の縮図でもあるんですよ。実際、景気が良いときには、多額のチップを湯水のように賭ける富裕層の姿があちこちで見られるんですが、今回はそういう人の姿もあまり見られなかった。はっきりと、景気の減速感を覚えましたね。

毎年同じ時期に渡米していますが、２０１９年にも同じ感覚があったのを思い出しました。そのときも前年に比べてずいぶん渋いなあと感じたのですが、実際19年は景気が悪化しましたよね？

エミン

確かに当時は景気減速感があったし、ＦＲＢ（米国の中央銀行制度の最高意思決定機関）が10年ぶりの利下げに踏み切った時期でもありますから、そう感じてもおかしくないと思います。

そういえば、私は新型コロナウイルスが警戒され始めた２０２０年の2月にラスベガスに行きましたが、あのときも雰囲気は悪かったですね。中国人やアジア人を排除する雰囲気があって殺伐としていたし、景気よく賭ける人も少なかったように思います。

カジノがアメリカ社会の縮図で、そこでのムードが景気の先行きを表しているという考察はとても興味深いですね。一種の景気の先行指数と言えるかもしれない。

木原 特に、僕が滞在していた期間は24年の5月下旬から7月中旬までで、S&P500やNYダウが勢いよく最高値を更新していた時期なのに、カジノでは景気の良い話がまったく聞こえてこないんです。そのギャップにも驚きました。

カジノでこうした雰囲気を感じたことで、しばらくはアメリカを主要なマーケットにしているセクターや銘柄への投資は控えた方がよさそうに思いました。特に半導体や自動車、鉄鋼などは、警戒が必要だと思っています。

エミン 確かに24年前半の株高は、実体経済と完全に乖離していましたからね。S&P500の上昇分の4割はエヌビディアによるものですから、街角の景気とはもはや関係ない値動きになってしまっていたんですよ。

円高局面での狙い目セクターとは？

木原　もうひとつ、ラスベガスで印象的だったのは、日本に行ったとか、行く予定だとか、そのうち行きたいと言う人がものすごくたくさんいたことです。日本人の僕に対してこうしたリップサービスのようなことを言ってくる人は毎年それなりにいますけど、今年はそういう発言をする人が例年に増して多かったんです。

エミン　インバウンドは、まだまだ拡大しそうですね。

木原　それはもう、確信に近いものを感じましたね。こうした流れは当然、円安効果によるものが大きいとは思いますが、今後円高に振れていっても、インバウンドの勢いが大きくしぼむことはないように思います。

というのも、１ドルが１６０円から１５０円になったところで、訪日客にとってはそれでも十分すぎるくらい安いです。さらに140円まで円高が進んでも、もともと激安だった日本のモノやサービスが10％程度上がるだけですから、まだまだ安いです。

エミン 確かに、これから為替相場が多少動いたところで、大きな影響はないでしょうね。日本の輸出企業だって、たとえ130円まで円高が進んでも、そこまで経営が苦しくならないと思います。むしろ円安が進んだ局面でも、輸出が大きく増えることもなかったですしね。現地生産が中心となっている今は、円安はそこまで強い追い風ではなくなっているし、同様にマイルドな円高もたいした逆風ではありません。

木原 そうですよね。それでも、円高が進めば日本国内では過度な円高だと大騒ぎになって、円安メリットがある銘柄の株価はいったんは大きく下げると思います。でも決算はそんなに悪化はしないはずなので、そこでの下げが買いチャンスになるのではないでしょうか。特にインバウンドの勢いは当面続くと思っているので、関連銘柄を狙っていきたいですね。

インフレの恩恵を受ける不動産は狙い目か？

木原　僕が株式投資を始めてからずっと注目しているのが、不動産セクターです。

土地やマンション価格は足元では高騰しているニュースをよく目にしますが、それでもまだ十分に高くはなっていないと思います。東京の地価はソウルに比べれば半値近いですし、ニューヨークやサンフランシスコの中心部と比べれば数分の一の価格で、まだまだ割安です。インバウンド効果や地政学リスクの観点からも、東京の不動産価格はこれから上がっていく未来しか見えませんね。

ただ、必ずしも日本の不動産全般が明るいと思っているわけではありません。

人口が増える地域でなければ意味がないので、価値が上がるエリアは限定されます。特に地方は厳しい状況に追い込まれる可能性もあると警戒しています。

エミン　インフレ下では真っ先に上がるもののひとつが不動産価格なので、不動産投資はインフレ対策にうってつけです。ただ、現物不動産は個人にとってはハードルが高いので、代わりに不動産株に投資するのは賢い方法かもしれませんね。

なにしろ現物不動産は必要な資金が大きくなるうえ、見極めの知識も必要ですから、素人が適正な価格で買うのは容易ではありません。しかも、数年で10倍になるようなことは日本では起きませんから、株以上に長期の視点が必要です。

でも、不動産セクターの株に投資するなら比較的簡単だし、資金も少なくて済みます。日経平均株価だって10年前は1万5000円ほどだったのが、今は4万円（2024年7月19日時点）ですから、株価指数でも十分不動産に匹敵するリターンは上げられるでしょう。現物不動産と違って失敗したと思えばすぐ売れるのもメリットだし、なにより不動産セクターは全般的にまだ割安な銘柄が多くありますね。

木原　不動産企業は基本的に、不動産を買って売ってを繰り返す転売ビジネスなので、値上がりしている間は業績も上がり続けますが、横ばいになった瞬間に業績成長も止まってしまうおそれがあります。今、不動産セクターが割安に放置されているのは、現状の値上がりが長くは続かないとみなされているからだと思います。ですが、僕は値上がりはまだまだ続くと考えています。

不動産は金利上昇局面に強くないのでそれが懸念されているのかもしれませんが、僕はそれほど気になりませんね。というのも、現状の首都圏の不動産価格上昇の一番の要因は、割安だと判断した外国人が買っていることです。彼らは融資なんて受けずに一括で買うので金利なんて関係ありませんし、なんだかんだ言っても日本の金利はインフレ率には追い付かないと思っています。少しぐらい利上げがあったところで、インフレ率がそれを上回っていれば大きなデメリットにはなりません。

エミン 不動産銘柄は、いったん火がつくと猛烈に上昇する傾向があります。要はアップサイドが大きく、小型株だと10倍20倍になる銘柄も結構あるんですよ。なんらかの都市開発につながるようなイベントなどをきっかけに吹き上がることが多いかな。

木原 僕は不動産セクターの中から、安定して業績が伸びている割安銘柄で、なおかつ物件の回転が速い銘柄を選んで投資しています。本来は早く売るほど利益率は下がるんですが、時間当たりの利益率を重視する感覚ですね。早く売却する方が保有中のリスクも減らせますし。

不動産セクターの中にはＰＳＲが低い薄利多売な企業もあって、市況が悪いときは相当ダメージを食らいそうなところが難点ではありますが、そのときに逃げれば問題ないでしょう。個人投資家は都合のいいときだけ投資できるのが強みですから。


エミン 大きな上昇は期待できないけれど、安定的な利回りを期待するならＲＥＩＴ（投資家から集めたお金を不動産に投資し、賃貸収入や売却益を投資家に分配する不動産投資信託）でもいいですね。私は証券会社時代にＲＥＩＴのＰＯ（公募・売出）やＩＰＯ（新規公開）を手掛けていました。

ＲＥＩＴに投資する際は、その投資法人が保有する物件を実際に見に行くといいですよ。開示されているデータだけではわからないことが、現場に行けばわかることがありますから。

最初は見に行ってもピンとこないかもしれないけれど、何件か見てその物件の雰囲気や出入りしている人の様子を見ていくうちに、その善し悪しやどの程度の収益力がありそうかがわかるようになってきます。感覚でしかないところもありますが、それも重要なんです。

木原 僕はREITの数%の配当じゃ全然満足できませんけどね。賃貸するより回転してくれた方が圧倒的に儲かりますし、それをプロがやっているんですから積極的に便乗すればいい。むしろREITはこういう不動産企業にとっての販売先になるわけで、高く売りつけられる側です。そちら側には、あまりいたくないですね。

ただそれでも、現金で持っているのに比べたらREITの方が圧倒的に有利でしょうし、不動産市況が悪化したときでもダメージは不動産株より小さいと思うので、リスクを抑えたい人にはいいと思います。

そもそもリスク資産への投資に抵抗があるような人でも、不動産を持って賃貸収入があったらいいなという思いはあるでしょうから、そういう人にも向いているんでしょうね。

エミン 木原さんみたいに成長株で儲けたい人には向かないけれど、数%の利回りを求める人には悪くない投資対象です。なによりビジネスが極めてシンプルだし、保有物件が公開されていて見に行くことができるから、個人投資家にも投資判断がしやすいと思います。

親会社による買収を狙え

木原　僕はゼネコンも有望ではないかなと思っています。建築資材が値上がりしているうえに人手不足もあって工賃も上昇しているので、建物を建てる費用が大幅に値上がりしているにもかかわらず、需要が高くて順番待ち状態。この状況ならまだまだ値上げの余地はありそうなので、単純に儲かりそうだなあと思って見ています。

エミン　資材の値上がりや人手不足は、中堅以下の企業にはむしろ大きな打撃で、生き残りが難しくなっているという側面もあります。そう遠くない将来に業界再編の機運が起こって、中堅以下は淘汰《とうた》される可能性もないとはいえません。ただ、もしそうなったとしたら、株価としては追い風です。

木原　なるほど。そうなると仮定した場合、どんな銘柄が狙い目になりそうですか。

エミン　どこが再編の対象になるかなんてことはわからないから、投資するのであれば残存者メリットを受けられる大手が安全ですよ。20年ほど前から鉄鋼業界で再編が進み始めた際に、新日本製鉄（現・日本製鉄〔５４０１〕）の株価が上昇したという前例もありますからね。

木原　再編といえば、僕も一時期、ＴＯＢされそうな企業を狙った投資を手掛けたことがありました。２０２１年から22年にかけて、コンテナ船の市況が高止まりしたことで海運銘柄の業績と株価が急上昇した時期がありましたよね。そのときに、川崎汽船（９１０７）の子会社の川崎近海汽船を少し保有していました。ＴＯＢ発表のタイミングで持ってなかったのは悔やまれますが。

業績が大きく伸びてキャッシュに余裕があるときには、儲かった利益を配当や自社株買いに回す代わりに、保有する子会社や関連会社の持ち株を１００％にして完全子会社化する動きが出てくるんだなとそのときに気付きました。

エミン　確かに、当時の海運銘柄の儲かりようと株価上昇はすごかったですね。東証の業種別株価指数でも２０２１年は海運がぶっちぎりで１位でしたし、日本郵船（９１０１）や商船三井（９１０４）は配当を一気に３倍超に増額していました。

木原　実際、当時の海運は大手３社すべてが関連会社の持ち株比率を１００％にする完全子会社化をしていました。こうしたＴＯＢが発表されれば、買収される側の株価は大きく上昇するので、今後もこうした動きを狙う投資ができるんじゃないかと思うんです。

ただし、キャッシュをたくさん抱えているタイミングでないとできないので、今儲かっている業種はどこかと常に探しています。

エミン　なるほど。かつての海運のように大きな追い風が吹いているセクターの企業を親会社に持つ企業を狙うわけですね。

木原　株を100％持てば、これまで外部に逃げていた配当も全額受け取ることができるので、業績の良い子会社は狙い目です。

エミン　キーとなる技術を持っている子会社も、対象になりやすいでしょうね。特別な技術を持つ子会社は、囲い込んだ方が有利ですから。

　私も野村證券時代にはこうした完全子会社化案件にたくさん関わりました。当時の日立金属（現・プロテリアル）が、現在実用化されている中で最強の永久磁石であるネオジム磁石の技術を持つＮＥＯＭＡＸを吸収合併する案件に携わったことは特に印象に残っています。これはまさしく、キーとなる技術でしたから。

木原　たとえばＪＦＥシステムズ（４８３２）というＳＩ企業は、親会社のＪＦＥホールディングス（５４１１）の保有キャッシュが増えればＴＯＢされる可能性が高い会社だという気がします。

　また、住友化学の子会社でリチウムイオン電池の正極材料を手掛ける田中化学研究所（４０８０）と、化学品の田岡化学工業（４１１３）も、親会社の業績が伸びれば連動して伸びる企業ですから、親会社の懐事情さえ良ければいつ買われてもおかしくない。

いずれも目下のところは親会社にそこまでの余裕はなさそうですが、状況が変われば注目したいですね。

会社四季報からピックアップした注目銘柄

エミン せっかくですから、ここで私が一番新しい会社四季報（本書執筆時点では24年3集夏号）を通読・分析してピックアップした注目セクターと銘柄をご紹介しましょう。

来期（26年3月期）に有望なセクターは、「鉄鋼」「金属製品」「その他製品」と「輸送用機器」です。

これは、会社四季報の東証33業種別の業績予想をもとに、セクター全体の増収率と増益率から導き出したものです。増収率や増益率そのものよりも、前の期と比較して大きく改善していることを重視して選んでいます。これらの数値が大きく改善してい

来期有望なセクターの銘柄選定基準

選定基準	鉄鋼	金属製品	その他製品	輸送用機器
銘柄数	45	93	111	92
時価総額	300億円以上	300億円以上	300億円以上	1000億円以上
PBR	1倍割れ	1倍割れ	1倍割れ	1倍割れ
業績	増収増益	増収増益	増収増益	増収増益
営業キャッシュフロー	プラス	プラス	プラス	プラス
有利子負債	―	―	少ない	少ない
配当利回り	4%以上	2%以上	3%以上	3%以上
その他の条件	―	―	―	大手自動車メーカーは除く

※ ―は選定基準に入っていないことを示す

るタイミングというのは、株価が大きく動くことが多いからです。特にV字回復といえるような動きを示している場合は、株価がきれいに反発します。

26年3月期に有望な「鉄鋼」「金属製品」「その他製品」「輸送用機器」のセクターから、時価総額、PBR、業績、営業キャッシュフロー、有利子負債、配当利回りで、上の図表の基準を満たした銘柄の中から、注目銘柄をピックアップしてみました。

時価総額は一定の流動性が確保されている300億円以上に絞りました。木原さんが大好きな2桁億円のミクロ銘柄は入っていませんが、3桁億円の銘柄なら

鉄鋼 銘柄リスト

証券コード	会社名	選定理由	時価総額(億円)	株価(7/5)	PBR	配当利回り(%)
5411	JFEホールディングス	業績好調。増収増益率が高い。自己資本比率が42.8%。積極的な株主還元。チャートが長期低迷から反発。逆張り銘柄。	15,148	2,369	0.61	4.64
5451	淀川製鋼所	業績は来期に大きく回復。自己資本比率が71%。ネットキャッシュが569億円で、現金豊富。積極的な株主還元。配当利回り高い。	1,846	5,800	0.88	5.32
5480	日本冶金工業	業績好調。増収増益率が高い。積極的な株主還元。配当利回り高い。	808	5,220	0.84	3.83
5602	栗本鐵工所	業績好調。自己資本比率が54%。ネットキャッシュが53億円で、現金豊富。積極的な株主還元。チャートが右肩上がり。順張り銘柄。	585	4,575	0.67	4.54
7305	新家工業	業績好調。増収増益率が高い。自己資本比率が61%。ネットキャッシュが36億円で、現金豊富。積極的な株主還元。配当利回り高い。チャートが右肩上がり。順張り銘柄。	324	5,360	0.83	5.60

金属製品 銘柄リスト

証券コード	会社名	選定理由	時価総額(億円)	株価(7/5)	PBR	配当利回り(%)
5938	LIXIL	業績反発局面。増収増益率が高い。チャートが長期低迷から反発。逆張り銘柄。配当利回り高い。	4,992	1,737	0.77	5.2
5943	ノーリツ	業績好調。増収増益率が高い。自己資本比率が60%。ネットキャッシュが224億円で、現金豊富。配当利回り高い。	856	1,764	0.63	3.8
5959	岡部	業績反発局面。自己資本比率が71%。ネットキャッシュが62億円で、現金豊富。配当利回り高い。PBR低く、割安。	379	769	0.57	3.9
5976	ネツレン(高周波熱錬)	業績好調。増収増益率が高い。自己資本比率が74%。ネットキャッシュが141億円で、現金豊富。配当利回り高い。	423	1,139	0.68	4.4
5991	ニッパツ(日本発条)	業績好調。増収増益率が高い。自己資本比率が59%。配当利回り高い。	3,975	1,629	0.89	3.5
5992	中央発條	業績好調。増収増益率が高い。自己資本比率が57%。インド関連銘柄。PBR低く、割安。	310	1,217	0.34	2.1

その他製品 銘柄リスト

証券コード	会社名	選定理由	時価総額(億円)	株価(7/5)	PBR	配当利回り(%)
7914	共同印刷	業績好調。増収増益率が高い。情報セキュリティ銘柄。PBR低く、割安。配当利回り高い。	326	3,905	0.45	3.5
7915	NISSHA	業績反発局面。増収増益率が高い。チャートが長期低迷から反発。逆張り銘柄。	999	1,966	0.83	2.5 ※本銘柄は基準値以下
7937	ツツミ	業績回復局面。チャートが長期低迷から反発。逆張り銘柄。積極的な株主還元でPBRの改善に努める。自己資本比率は97%で、ネットキャッシュが時価総額より多い。実質タダ（＝無料）銘柄。	335	2,144	0.50	3.3
7949	小松ウオール工業	業績好調。自己資本比率は80%で、ネットキャッシュが135億円、無借金。配当利回り高い。	354	3,250	0.79	4.0
7981	タカラスタンダード	業績好調。増収増益率が高い。自己資本比率が70%。ネットキャッシュが520億円で、現金豊富。積極的な株主還元。PBR低く割安。	1,198	1,754	0.63	3.2

輸送用機器 銘柄リスト

証券コード	会社名	選定理由	時価総額(億円)	株価(7/5)	PBR	配当利回り(%)
7224	新明和工業	業績好調。増収増益率が高い。積極的な株主還元。チャートが長期低迷から反発。配当利回り高い。	1,043	1,491	0.91	3.4
7226	極東開発工業	業績好調。増収増益率が高い。自己資本比率が69%。ネットキャッシュが75億円で、現金豊富。積極的な株主還元。配当利回り高い。	1,009	2,515	0.82	4.6
7240	NOK	業績反発局面。自己資本比率が62%。ネットキャッシュが608億円で、現金豊富。積極的な株主還元。配当利回り高い。	3,720	2,149	0.60	4.7
7296	エフ・シー・シー	業績好調。増収増益率が高い。自己資本比率が76%。ネットキャッシュが759億円で、現金豊富。積極的な株主還元。配当利回り高い。	1,237	2,350	0.63	3.3
7313	テイ・エステック	業績好調。増収増益率が高い。自己資本比率が73%。インド関連。配当利回り高い。	2,604	1,915	0.74	4.3

ありますよ。

木原　その他製品の銘柄リストに入っているツツミ（7937）は、僕も以前調べたことのある銘柄です。ただしこれは、評価しているというより、「会社を成長させる気があるのか」と問い詰めたい会社のひとつですね（笑）。

なにしろ創業者一族で株の過半を保有しているので、自分たちのお小遣いにしたいがために配当利回りを高くして、あとは無難に経営しているだけの会社ではないかと思っています。

エミン　ところが、最近はPBR1倍割れからの脱却と株主還元に本腰を入れ始めたようなんですよ。それが本気の取り組みだったら、長い間割安で放置されていた株価が上昇に転じるかもしれない。

そしてこの会社のもうひとつおもしろいところは、ネットキャッシュが時価総額を上回っているところです。ネットキャッシュとは、企業の手元流動性（現金・預金＋有価証券）から有利子負債を差し引いた金額です。この金額が多いほど、キャッシュリッチな企業といえます。
　時価総額をネットキャッシュで割ったネットキャッシュ倍率が小さいほど、蓄えた現預金が有効に活用されていないとみなされ、企業買収の候補にも上りやすくなったり、株式市場で注目されたりすることが多くなります。同社のようにネットキャッシュが時価総額より大きいということは、実質上、株がタダで売り出されているようなものなんですよ。

木　原　確かにそうですね。ただ、今のままではやっぱり投資はしにくいなあ。もし、東証が単なる働きかけレベルではなく、ＰＢＲ１倍を超えられない企業は上場廃止にするぐらいの厳しいしくみを作ってくれれば、その瞬間に全力で買いたいとは思いますけど。そうでない限り、一族で株の過半を握っているような銘柄に投資するのは、僕のスタイルではないですね。

エミン　さすがにそこまで厳しいしくみはできないだろうけど、企業側にとって、市場の大きな流れから取り残されることは、もう容認できなくなってきていると思いますよ。

こういう銘柄は、ダウンサイドが極めて小さいことも大きなメリットです。株価が全然上がらずに低空飛行を続ける可能性はあるけれど、そもそもこれ以上下がりようがないくらい株価が安いので、下落余地がほとんどない。配当利回りが３％であれば、３％の利息がつく預金のような感覚で持っていられるんですよ。

木原　それはいえてますね。下値余地が小さいのに、うまくいったときの上昇余地はかなり大きいので、期待値としてはおいしい。

エミン　ほかに木原さんが買えそうな割安銘柄だと、鉄鋼の銘柄リストにある栗本鐵工所（５６０２）とか、新家工業（７３０５）あたりかな？　時価総額も比較的小さいし、いずれもきれいに右肩上がりのチャートを描いている。それでも、配当利回りはまだ高水準です。

木原　鉄鋼関連は以前けっこう保有していましたが、今は全然持ってません。割安銘柄がたくさん残っているセクターだとは思いますが。

エミン　ちなみに、今紹介したのは26年3月期に有望なセクターですが、ひとつ前の期の25年3月期で有望なセクターは「化学」「海運」「倉庫・運輸」と「卸売」です。この本が出るころにはもう株価に織り込まれてしまっている可能性が高いので、すべての銘柄の紹介はしませんが、倉庫・運輸の中には木原さんが好みそうな時価総額が小さめの銘柄がありますよ。

木　原　安田倉庫（９３２４）は、僕も注目している銘柄です。

エミン　ほう、木原さんはこの銘柄のどういうところを評価しているの？

木　原　同社はヒューリック（３００３）の株を3・7％保有しているんです。安田倉庫そのものの時価総額は４７０億円ほどですが、保有しているヒューリックの株の価値だけで４００億円ぐらいあります。

ヒューリックは言わずと知れた不動産大手で、安定して業績を伸ばし、増配も続け

25年3月期に有望な倉庫・運輸 銘柄リスト

証券コード	会社名	選定理由	時価総額(億円)	株価(7/5)	PBR	配当利回り(%)
9066	日新	業績回復局面。自己資本比率が55%。ネットキャッシュが30億円で、現金豊富。配当利回り高い。	941	4,645	0.90	4.3
9303	住友倉庫	業績反発局面。自己資本比率が58%。持合い減少で資産スリム化を実施。配当利回り高い。	2,114	2,668	0.82	3.8
9310	日本トランスシティ	業績好調。自己資本比率が53%。積極的な株主還元。自社株買いを実施。配当利回り高い。	675	1,006	0.74	3.4
9324	安田倉庫	業績好調。連続増配。自社株買いを実施。PBRが低い、割安感目立つ。チャートは右肩上がりで順張り銘柄。	474	1,563	0.48	2.0

ている超優良企業です。そんな会社の株式を時価総額と変わらないくらい持っている企業のＰＢＲが０・４倍台なんて、ちょっと信じられない安さです。僕が監視し始めたころに比べると、株価はずいぶん上がってしまいましたが、それでもまだ０・４倍台なんですね。

エミン　安田倉庫は自社株買いにも積極的だし、チャートがきれいな右肩上がりを描いている。そんな会社のＰＢＲが０・４倍台というんだから、本当に安いですよ。

安田倉庫に限らず、ここで取り上げた銘柄にはダウンサイドが小さい割安銘柄がたくさんあります。日本株の極端な割安さはずいぶん是正されたとはいえ、まだ探せばあるんだなと改めて思いました。

ただし、それは今だけ。こんな状況は、長くは続きませんよ。実際、２〜３年前にはＰＢＲが０・２倍とか、ＰＳＲが０・１倍の銘柄がゴロゴロありましたが、さすがにそこまで安くて良い銘柄は今ではほとんどなくなってしまいました。おそらく5年後か10年後には、ＰＢＲが1倍を切る優良銘柄を探すのは、相当難しくなっているでしょう。

台湾有事は本当に起こり得るのか

木原　投資テーマとはいえませんが、僕が恐れているのは台湾有事です。日本の近くでの戦争というのは朝鮮戦争以来なかったことなので、どの程度株価に影響するかがまったく予想できないところも怖いです。

さすがにダイレクトに日本が攻撃の対象になるとは思いませんが、台湾が攻められる事態は十分起こり得ることです。過去に同様の事態がないこともあって、これが現実になったときには株式市場がパニックになるのは間違いないと思っています。

エミン　おっしゃる通り、これまでの国際紛争では、一時的にリスクオフの売りが起きたり、ボラティリティが高まることはあっても、基本的に戦争が大きな売り材料になることはありませんでした。むしろ遠くの戦争は買いといわれることもありましたね。

しかし台湾有事となると、戦線が近いだけに日本は否応なく巻き込まれるでしょうし、外国人投資家からも日本はリスクが高いと判断される可能性は高い。株を含めて日本の資産が一斉に売られる事態も、あり得ると思います。

また、有事になれば中国との貿易関係が分断される恐れがあります。中国からの輸入が途絶えることで、ものすごいレベルのインフレがやってくるかもしれません。

また中国は台湾だけでなく、南シナ海での領有権をめぐって東南アジアの国々と対立しています。もしそこで有事となれば、中東からの原油が日本に届かなくなる可能性もあります。

とはいえ、いきなり中国が台湾に全面戦争を仕掛けてくるということは考えづらく、複数の段階を踏んでくるはずです。たとえば台湾海峡での小規模の軍事衝突や、台湾本島ではない周辺の島への上陸や海上封鎖などといった事態が考えられます。

中国は小刻みにアクションを起こすことで、台湾はもちろん日本やアメリカ、国際社会がどう反応するかを試しに来るでしょう。

そしてもうひとつ、有力なシナリオは、台湾ではなく、フィリピンやベトナムなど南シナ海の領有権をめぐって対立している別の国をターゲットにしてくることです。この狙いも、周辺諸国になんらかのアクションをして、アメリカの反応を試すことです。中国は、アメリカは助けに来ないからあきらめよ、というメッセージをなんとかして台湾に届けたいんですよ。

木原 （アメリカが）助けに来ない政権に代わるのを待って、狙ってくるかもしれませんね。

エミン それもあるでしょうね。ウクライナ戦争でも、世界はアメリカがどこまで介入するかに注目していました。

アメリカは4年に一度行われる大統領選挙というしくみが、強みでもあり弱みでもある国です。現在の世論はウクライナへの過剰な資金投入に反対する傾向にありますが、この世論に従いアメリカが世界の警察としての役割を放棄すれば、たちまちアメリカのヘゲモニー（主導権・覇権を持つこと）は崩壊し、ひいてはドルの価値が大幅に下落する可能性も否定できません。

そもそも国際社会は、アメリカが世界の警察としての役割を果たすことを前提に、アメリカとその通貨である米ドルを尊重してきました。しかし、肝心のアメリカ国民がそのことを理解していないため、国際社会から期待される役割を放棄しようとする人物を大統領に選んでしまうリスクを抱えています。

ロシアや中国は政権が基本的に変わらないため政策が一貫していますが、アメリカはトップ次第ですべてが覆る可能性がある。これは大きなリスクと言えるでしょう。

地政学リスクに備える投資とは

木原　何かヘッジする方法はないでしょうか。

エミン　ひとつは、防衛関連銘柄を持っておくことですね。

木原　三菱重工業（7011）とか川崎重工業（7012）あたりを保有しておくのがいいんでしょうか。国の防衛予算は過去最大になっていますし、国策テーマのひとつに挙げられていますね。

エミン もちろん、そういうど真ん中銘柄もいいのですが、単純に艦艇や戦闘機をつくる企業だけが防衛株とは限りません。防衛の範囲は国家安全保障に関わる領域としてサイバーセキュリティや食糧、燃料・資源関連などにも拡大しており、こうした企業も防衛関連銘柄ととらえてよいと思います。

食品の場合、中国産の食材が暴騰《ぼうとう》する可能性もあるので、中国産以外の食材の輸入ルートを開拓できた企業が強みを持つかもしれません。

木原 確かに、ウクライナ紛争では小麦などの穀物価格が上昇しましたし、原油や天然ガスも高騰したので、ヘッジとして機能しそうな気もしますね。ただ、原油や天然ガスは景気悪化に連動して下落しやすいのでそっちのリスクとの兼ね合いが気がかりです。

エミン あとは、なんといっても金ですね。そもそも金は実物資産ですから、価値がなくなることはありません。モノが値上がりするインフレ局面で上昇する傾向もある。

通貨や債券はペーパー資産で、発行体の信用が失われれば価値が大きく棄損《きそん》したり紙くずになったりする可能性もありますが、金はそれ自体に価値があるうえ、その価値は世界共通で認められています。

また、「有事の金」といわれるように、戦争や紛争で値上がりする傾向も強い。

2024年の春に金価格が大きく値上がりしたのは、イランとイスラエルの対立が緊迫したことが大きく影響していると思います。もちろん、それ以前からの上昇も、米中の関係が悪化し、経済覇権を争う新冷戦の状況下にあることが少なからず影響していると思いますよ。

木原 実物資産といっても、金はピカピカしてきれいなだけで、たいして役に立つものではありませんよね？ 今はだれもが価値があると思っているから買われているだけで、そういう意味ではペーパー資産と変わらないし、ビットコインが金の代替になったとしても不思議じゃないと思うんです。

実際、ビットコイン価格が上昇しているのも同じ理由ですよね？ 金を持ち運ぶのは大変だけど、ビットコインはどこにでも持っていけますから。

エミン 金にはビットコインと違って長い歴史がありますから、信用力がまるで違います。

現に今は、新興国を中心に米ドルを基軸通貨とする現在の国際通貨制度への不信感が高まり、金を裏付けとする新しい通貨制度を模索していることから金が大きく買われているという見方もあるほどです。

この説の真偽はともかく、ここ数年で中国が米国債を手放して金を購入する動きが顕著であることは確かです。世界の中央銀行が２０２３年に購入した金の量は１０３７トンですが、その２割以上を中国が占めています。地政学的な緊張が高まる中でのインフレ局面では、金をポートフォリオに組み入れる価値は決して小さくないと思いますよ。

終章

インフレを追い風に、日本経済は黄金期を迎える

インフレ時代は株価が上がる

エミン インフレにどう対抗すればいいのか、ということをよく聞かれるのですが、基本的にインフレ下ではあらゆるリスク資産が上昇します。インフレはモノの価格が上がる分お金の価値が目減りすることですが、それはとりもなおさず、お金以外の資産の価値が上昇することにつながります。

たとえば、3％のインフレ下では、株などのリスク資産は最低でも3％は上がるので、実際はそれ以上に上昇することがほとんどです。

木　原 なるほど。

エミン これまでのように、インフレがゼロあるいはデフレの状態では、投資するインセンティブは働きません。お金をそのまま置いておいても価値は目減りしないし、デフレであればむしろ上がるので、かつてのデフレ経済下では銀行預金は正解だったわけです。

ところが、インフレ下ではお金の価値が下がるので、普段は投資しない人まで投資をするようになります。要は、お金を投資する強いインセンティブが生まれることから、株価はインフレ率以上に上昇するのです。

この現象が最もわかりやすく現れた例のひとつが、私の母国であるトルコです。

２０２０年以降、トルコはハイパーインフレに見舞われてトルコの通貨であるトルコリラは暴落し、価値がほぼ５分の１になってしまいました。インフレ率と同じだけ株価が上がると考えれば、株価が５倍になってもおかしくありませんが、実際には10倍になっています。

なぜインフレ以上に株価が上がったかというと、トルコリラの価値がどんどん目減りしていくことで国民がパニックになり、株式投資を加速させたからです。

さすがに日本ではトルコほどの急激なインフレになることはないでしょうが、インフレ経済下では消費をするか、投資をするのが合理的な経済行動になります。

実際、これまで投資をしなかった層が危機感を持って株式投資を始めるという現象は、すでに起こっていますよね。そこに新ＮＩＳＡという追い風もプラスされ、これらが強力なエネルギーとなって株式市場を押し上げていくことは容易に想像できます。

木原 デフレ経済下では合理的だった預貯金も、いよいよこれからはハイリスクな行動になっていくわけですね。なにしろ預貯金だけだと、暴落中の日本円という銘柄に集中投資していることになるんですから、それはもうとんでもないリスクになりそうです。

エミン ポーカーでは配られたハンドが弱くて降りるときでも、アンティ（最低限ベットしなければならない強制参加費）は取られるので、勝負を降りたときでも少しずつ手元のチップは減っていきます。

私に言わせれば資産を全部銀行預金にしている人たちは、まさに少しずつアンティを取られ続けているようなものです。当の本人は何も払っていないつもりでも、インフレという手数料を取られて資産の価値が少しずつ目減りしているんです。

要するに我々は望むか望まないかにかかわらず、プレーヤーにならざるを得ません。どのタイミングで、どれぐらいの頻度でプレーするかは選べるけれど、プレーするかしないかということは、もう選択の余地がなくなっているんですよ。

木原　ゲームプレーヤー的な意見を言わせてもらうと、どこかで誰かが損をすれば、その分どこかで必ず得する人が現れます。

たとえば、3%のインフレ下では現金の価値が下がるので、現金を持っている人は損をします。その分、どこかで必ずだれかが得をしている。それは誰かというと、おそらく株を持っている人でしょうね。あるいは金でもビットコインでも不動産でもいい。現金以外の資産を持って、その値上がりの恩恵を享受している人なんです。

エミン　その通り。日経平均株価がバブル後の高値を更新したタイミングと、多くの人がインフレを実感したタイミングが重なったのは、そういうことなんだよね。

木原　物価の上昇で生活が苦しくなることから、インフレを歓迎しない人も多くいるようですが、長い間デフレが続けば現金で保有しておく方が安全だと考える人が増え、お金が循環しなくなります。だから、失われた30年と言われたわけです。本来はゆるやかなインフレを起こして、お金を循環させていくのが健全です。

よく言われる世代間の資産格差についても、インフレによって実質的な資産課税をすれば解決するのではないでしょうか。預金を貯め込んでいる高齢者がインフレによる資産の目減りを回避しようとリスク資産にお金を回せば、高齢者の資産が活用されることになり好ましいことです。しかも、利益が出ればその20%は税収になります。

実際に目に見える形で資産課税をすることは難しいでしょうが、インフレで金融資産が増えたときにその20%が税金として回収されるのであれば、それは資産課税そのものな上に、支払う人からすると利益から支払うことになるので資産課税と感じにくいです。

インフレで政府の借金の実質的な負担が軽くなることはよく言われていますが、それだけでなくゆるやかなインフレを安定的に起こすことで、結構いろんな問題が解決できる気がします。

エミン　株を持っているかいないかにかかわらず、インフレ下では人は欲しいものがあれば価格が上がる前に買おうとします。買い控えというものがなくなって消費が活発になるんです。もちろん、インフレ率が一定以上になると消費には逆効果になりますが、基本的にはゆるやかなインフレは経済にプラスに働いて、それが株価を押し上げる要因になります。

また、企業が値上げすれば、増収増益につながります。単純にＰＳＲベースで考えても、売上高が増えれば株価も上昇します。

木原 僕は投資先を吟味《ぎんみ》するときも、価格転嫁をしているかどうかは強く意識します。

このインフレ下で値上げをできない会社には、とても投資する気になれないですから。

インフレを追い風に日経平均30万円

エミン 僕は日経平均株価が１万円台だった２０１６年から、「２０５０年までに日経平均は

30万円になる」と言い続けてきました。当時は笑われましたけど、現実は確実にそこに近づいているでしょう？　実際に10万と言い出すエコノミストも、何人も出てきています。

もちろんこれは、マイルドなインフレが続いていくことを前提とした数字です。大げさな数字を言っているつもりは全然なくて、むしろ保守的な予想だと思っているぐらいです。日経平均が30万円に達するころには、新卒の月収は１００万円ぐらいになっていると思いますよ。

木原　僕は毎年、ＷＳＯＰに出場するために渡米していて、様々なものが値上がりしている状況を目の当たりにしているので、インフレがある方がむしろ自然だと感じています。

２０５０年に日経平均が30万円というのも、荒唐無稽な予想だとはまったく思いませんね。むしろ、その数字に対して上か下かにベットしろと言われたらかなり悩むぐらい、妥当な数字だと思います。

それにしても、誰もがインフレを実感している今ならともかく、日本全体がどっぷりデフレマインドに浸かっていたころから、エミンさんがそういう予想を出せたのは率直にすごいと思います。

エミン 僕が育ったトルコはハイパーインフレの国だから、もともとデフレマインドというものを持ち合わせていないんです。教員だった母親は、給料を受け取ったら、すぐに使わないお金を全部金や米ドルに換えていました。子どものころから常に、モノがなくなるかもしれない、今日売っているものは明日同じ値段で買えないかもしれない、欲しいものは借金してでも早く買わないと手に入らない、という思いで消費と向き合ってきましたからね。

日本に来てもう30年近くなりますが、子ども時代をそういう環境で過ごしたので、デフレマインドに染まり切ることはなかったようです。コロナ禍でサプライチェーンが混乱したときも、モノがなくなることを恐れてすぐに車とパソコンを買ったくらいです。実際には警戒したほどのモノ不足にはなりませんでしたが。

木原 日本人でインフレを経験した世代は、僕の親世代である70代以上でしょう。時間が経ち過ぎていて彼らも忘れているかもしれないし、それより下の世代にとっては、インフレは初めての経験です。どの世代も遅かれ早かれ、強制的にマインドを変えさせられることになるでしょうね。そうでないと生きていけませんから。

エミン 日本人は長いデフレに慣れきってしまっているから、突然インフレと言われてもピンとこないのは理解できます。

ただ、本当は強制的に変えさせられる前に、いち早く自分でマインドを変えられたら、その方がずっと有利なんですけどね。

木原 結局、そういう人が得するんですよ。富は全体では増えることなく移転しているだけだから、インフレで困っている人がいたら、必ずどこかで得をする人がいる。

エミン インフレは、若い人には基本的に追い風です。インフレ下では賃金を上げないと人を採用できないので賃金は上昇します。しかし、働いていない人は賃金上昇の追い風を受けられないし、年金も賃金の上昇分ほどには増えないので年金受給者にとっては厳しい時代になるでしょう。

これまでは、高齢者や定年が近い年代は資産運用のリスクを取るべきではないという考え方が一般的でしたが、インフレ時代では投資をまったくしないというのはむしろリスクになる。そういう意味でも、マインドを大きく変える必要があるでしょうね。

日本経済と日本株は黄金期を迎える

エミン　このところの日本株の上昇は、外国人投資家の旺盛な買いによって支えられている側面が大きいです。彼らが日本株を評価するようになった背景には、複数の要因が挙げられます。

まず、日本企業の収益性を示すＲＯＥが改善し、企業統治（ガバナンス）も強化されたことで、投資対象としての魅力が増したことです。さらに、従来の日本企業は内部留保を重視する傾向にありましたが、近年では株主還元を重視する姿勢へと変化したことも評価されています。

そして、世界的に見て流動性の高い先進国の株式市場の中で、ここまで割安な株価水準にあるのは日本市場だけという状況も、彼らの投資意欲を掻き立てているのです。

木原　ただ、ここ数年で割安さがかなり是正されてきましたね。1～2年前だったらPBR0・2倍なんていう銘柄もゴロゴロあったのに、そこまで異常な割安株はさすがにほとんどなくなってしまいました。割安銘柄でこれだけ選択肢があるのも、今だけなのかもしれませんね。

エミン　そしてもうひとつ、日本株が外国人投資家に買われている背景に、地政学的な理由があります。アメリカと中国が新冷戦の状態にある中で、中国からの撤退を余儀なくされたグローバル資本は新たな行き場を求めています。その新たな行き場として、日本が選ばれ始めているのです。

台湾の世界的な半導体ファウンドリーであるTSMCが熊本に最先端工場を建設したのも、有事に対する備えです。もし有事が起こって台湾の拠点や工場が中国に抑え込まれでもしたら、たちまち事業展開ができなくなってしまいますからね。

また、オラクルは、10年間で80億ドル（約1・2兆円）以上の投資を日本で行い、データセンターの設備とスタッフを増強するとしています。マイクロソフトやアマゾンも同様に日本での大規模なデータセンター投資を発表しています。

木原　そうでしたね。

エミン　海外企業が日本で事業投資をすれば、資金だけでなく人材も情報も集まり、雇用を生み、地域経済も潤います。この流れは数年で終わるものではなく、今後10年以上にわたって、グローバル企業の日本進出や投資が続くでしょう。

ここまで追い風が吹いているのに、それでもPBRが1倍を切る銘柄がたくさんあるというのは、もう完全なるミスマッチです。基本的に、相場で儲けられるタイミングというのは、ミスマッチが起こったときです。

市場は必ずしも完全に合理的ではありません。もしそうであればすべての要因が一瞬で株価に織り込まれるので割安な銘柄を発見することなどできないし、誰も大きくは儲けられません。ミスマッチが解消されるまでのわずかな期間で、うまく投資できた人がその果実を得られるのです。
もちろん、短期的には下方向に大きく動くことはあるでしょう。それでもいずれは日経平均が10万円を経て、30万円に届く日がやってくるはずです。

木原 僕自身は、日本株や日本経済の将来を予測するスキルを持ち合わせていないので、その場その場の現実や予測可能な近しい将来を見て投資判断をしています。
要するに、目の前の日本株には魅力的な銘柄がたくさんあるから投資しているわけですが、割安という魅力が薄れてしまっても、別の投資妙味を持つ市場になれば嬉しいですね。

エミン 木原さんらしい、ブレない投資スタイルだね。

おわりに

木原直哉

みなさんはどんなことでも良いので、参加者の中で上位1％に入った経験はあるでしょうか。

上位1％というのは、学年で1位2位というレベル。日本人の年収で言えば１５００万円。学力で言えば東大京大。囲碁・将棋で言えばアマ３段。野球で言えば甲子園出場。

囲碁・将棋、芸能人、プロ野球の一軍選手など、人気競技で生活できるくらいの収入を得られるのは、上位０・01％といわれています。これは上位１％に選抜された中で、さらに上位１％、１万人に１人の世界です。

僕はもともとゲームの世界の人間です。プロというのはそういう厳しい世界を潜り抜けた人たちだという思いがあり、あこがれと尊敬の気持ちを持ってきました。

その後、自分も25歳でポーカーを知り、その後ポーカープロになりましたが、ポーカーの世界の甘さに驚きました。ここでは上位0・1%、1000人分の1程度で長期的に食い続けることができるレベルなのです。

しかも、遊びでプレーしてお小遣い稼ぎをする程度で良いなら、上位1%でもOK。

ポーカーとは何と甘い世界なんだろうと驚愕しました。

一方で、多くの人は囲碁や将棋、ポーカーを趣味としてとらえています。要は、一回遊びに行って数千円を使うという娯楽です。

遊園地に行ってお金がもらえるなんてだれも想像しないように、ほとんどの人はこれらのゲームを人生を豊かにする趣味としてとらえ、楽しんでいます。

その後、株をやるようになって思いました。株って上位1%くらいでも食える世界なんじゃないか？　と。それくらい市場が大きいのです。

また、他のゲームと違って、株はプラスサムです。まともな銘柄であれば、株を買って放置するだけで平均的には株価が上がり、配当も貰え、優待が送られてくることもあります。

ただ、これは逆に厳しい見方もできます。

「上位1%に入るなんて簡単じゃん」

と思える人でないと、やればやるほどお金を失っていく世界だからです。そして、株でたくさん取り引きをすることでお金を増やせる人は1%ほどしかいないにもかかわらず、多くの人が、

「自分はお金を増やせる側だ」

と勘違いしているということを、株式投資をするようになって思ったのです。


大切なのは、自分にとって株取引とはどういうものなのか、そのスタンスを客観的に明確にとらえることではないでしょうか。

余裕資金で良い銘柄やインデックスに積み立てて優待や配当を貰いながら放置したいのか。多少マイナスでも暇な日にガチャガチャ取り引きをして楽しみたいのか。それとも、上位1%は余裕でクリアするレベルになって、本気でトレードして稼ぎたいのか。

本気でトレードして稼ぎたいと思っているのなら、あなたのレベルは野球で甲子園に出場できるレベル、勉強で東大に合格できるレベルなのか、もう一度冷静に考えてみることをお勧め

します。

私はたまたまゲームの才能にある程度恵まれ、そして偶然にもゲームで食える時代に生まれました。とても幸運なことです。

一方で、運動能力が重視される社会に生まれていたとしたら、平均点を取ることすら到底かなわないでしょう。スポーツは好きで、中学から大学までバレーボールをやっていたのですが、後から始めた運動能力の高い人に抜かされるのはよくあることでした。

また、芸術や音楽の才能もない。それでも40過ぎてからまたスポーツを趣味としてやり始め、お金を払ってコーチに習ったりもしています。

この本を最後まで読んでくださったあなた。好きなことは何ですか。そして得意なことは何でしょうか。好きなことと得意なことが一致しているのなら幸運です。それを磨きましょう。

もし、好きなことと得意なことが一致していないのなら、好きなことは趣味として割り切り、上位1％に入るのは簡単だと言い切れる世界で生計を立てるのが合理的だと思います。

その中でも、株式投資はしっかりと業績を伸ばしている企業の株やインデックスを長期で放置すればほぼ負けようがないということを歴史が証明しています。

タイミング悪くバブル期に購入していたら、報われるのはまだ先になるかもしれませんが、それでもいつかはプラスになります。

どんなふうに株と付き合っていくのが最善なのか。それは人それぞれで違います。

この本がそれを見つける手助けになれば嬉しいです。

木原直哉

2024年9月

カバーデザイン：西垂水敦
本文デザイン：二ノ宮匡
ＤＴＰ：エヴリ・シンク
写真：後藤利江
編集協力：森田悦子

エミン・ユルマズ
エコノミスト、グローバルストラテジスト。

レディーバードキャピタル代表。

1980年生まれ、トルコ・イスタンブール出身。1996年に国際生物学オリンピック優勝。1997年に日本に留学し東京大学理科一類合格、工学部卒業。同大学院にて生命工学修士取得。2006年野村證券に入社し、M&Aアドバイザリー業務に携わった。2024年レディーバードキャピタルを設立。現在各種メディアに出演しているほか、全国のセミナーに登壇。文筆活動、SNSでの情報発信を積極的に行っている。ポーカーネームは、JACK。

著書に『エブリシング・バブルの崩壊』（集英社）、『世界インフレ時代の経済指標』（かんき出版）、『一生使える投資脳のつくり方』（扶桑社）、『エブリシング・バブル終わりと始まり　地政学とマネーの未来2024-2025』（プレジデント社）など多数。

木原直哉（きはら・なおや）
プロポーカープレーヤー。
1981年、北海道名寄市出身。2001年に東京大学理科一類に入学。在学中は将棋部に所属し、バックギャモンやポーカーなどの頭脳ゲームに熱中していく。10年かけて東京大学理学部地球惑星物理学科を卒業し、翌2012年 WSOP $5000 Pot-Limit Omaha 6-Handed で優勝し、日本人初のブレスレットホルダーに。ポーカーの戦略やメンタル面についての教育活動や国内大会での解説など日本国内外でのポーカーの普及に努めている。
著書に『東大卒ポーカー王者が教える勝つための確率思考』（KADOKAWA）、『運と実力の間』（飛鳥新社）、『たった一度の人生は好きなことだけやればいい！東大卒ポーカー世界チャンプ 成功の教え』（日本能率協会マネジメントセンター）がある。

「確率思考《かくりつしこう》」で市場《しじょう》を制《せい》する最強《さいきょう》の投資術《とうしじゅつ》

2024年9月30日　初版発行
2024年12月5日　再版発行

著者／エミン・ユルマズ、木原直哉《きはらなおや》

発行者／山下 直久

発行／株式会社KADOKAWA
〒102-8177　東京都千代田区富士見2-13-3
電話 0570-002-301（ナビダイヤル）

印刷所／大日本印刷株式会社

製本所／大日本印刷株式会社

●お問い合わせ
https://www.kadokawa.co.jp/（「お問い合わせ」へお進みください）
※内容によっては、お答えできない場合があります。
※サポートは日本国内のみとさせていただきます。
※Japanese text only

定価はカバーに表示してあります。

ISBN 978-4-04-606806-4　C0033